QUESTÕES ATUAIS
DE DIREITO PÚBLICO

AUGUSTO PASSAMANI BUFULIN
Coordenador

Prefácio
Georges Abboud

QUESTÕES ATUAIS DE DIREITO PÚBLICO

Belo Horizonte

FÓRUM
CONHECIMENTO JURÍDICO

2022

© 2022 Editora Fórum Ltda.

É proibida a reprodução total ou parcial desta obra, por qualquer meio eletrônico, inclusive por processos xerográficos, sem autorização expressa do Editor.

Conselho Editorial

Adilson Abreu Dallari
Alécia Paolucci Nogueira Bicalho
Alexandre Coutinho Pagliarini
André Ramos Tavares
Carlos Ayres Britto
Carlos Mário da Silva Velloso
Cármen Lúcia Antunes Rocha
Cesar Augusto Guimarães Pereira
Clovis Beznos
Cristiana Fortini
Dinorá Adelaide Musetti Grotti
Diogo de Figueiredo Moreira Neto (*in memoriam*)
Egon Bockmann Moreira
Emerson Gabardo
Fabrício Motta
Fernando Rossi
Flávio Henrique Unes Pereira
Floriano de Azevedo Marques Neto
Gustavo Justino de Oliveira
Inês Virgínia Prado Soares
Jorge Ulisses Jacoby Fernandes
Juarez Freitas
Luciano Ferraz
Lúcio Delfino
Marcia Carla Pereira Ribeiro
Márcio Cammarosano
Marcos Ehrhardt Jr.
Maria Sylvia Zanella Di Pietro
Ney José de Freitas
Oswaldo Othon de Pontes Saraiva Filho
Paulo Modesto
Romeu Felipe Bacellar Filho
Sérgio Guerra
Walber de Moura Agra

CONHECIMENTO JURÍDICO

Luís Cláudio Rodrigues Ferreira
Presidente e Editor

Coordenação editorial: Leonardo Eustáquio Siqueira Araújo
Aline Sobreira de Oliveira

Av. Afonso Pena, 2770 – 15º andar – Savassi – CEP 30130-012
Belo Horizonte – Minas Gerais – Tel.: (31) 2121.4900 / 2121.4949
www.editoraforum.com.br – editoraforum@editoraforum.com.br

Técnica. Empenho. Zelo. Esses foram alguns dos cuidados aplicados na edição desta obra. No entanto, podem ocorrer erros de impressão, digitação ou mesmo restar alguma dúvida conceitual. Caso se constate algo assim, solicitamos a gentileza de nos comunicar através do *e-mail* editorial@editoraforum.com.br para que possamos esclarecer, no que couber. A sua contribuição é muito importante para mantermos a excelência editorial. A Editora Fórum agradece a sua contribuição.

Dados Internacionais de Catalogação na Publicação (CIP) de acordo com ISBD

Q5	Questões atuais de Direito Público / coordenado por Augusto Passamani Bufulin. - Belo Horizonte : Fórum, 2022.
	193 p. ; 14,5cm x 21,5cm.
	Inclui bibliografia.
	ISBN: 978-65-5518-302-3
	1. Direito. 2. Direito Administrativo. 3. Direito Eleitoral. 4. Direito Penal. 5. Direito Processual Civil. 6. Direito Processual Penal. 7. Direito Tributário. 8. Tecnologia. 9. Internet. 10. Inovação. I. Bufulin, Augusto Passamani. II. Título.
2 0 2 1 - 4198	
	CDD 341
	CDU 342

Elaborado por Odilio Hilario Moreira Junior - CRB-8/9949

Informação bibliográfica deste livro, conforme a NBR 6023:2018 da Associação Brasileira de Normas Técnicas (ABNT):

BUFULIN, Augusto Passamani (Coord.). *Questões atuais de Direito Público*. Belo Horizonte: Fórum, 2022. 193 p. ISBN 978-65-5518-302-3.

SUMÁRIO

PREFÁCIO
Georges Abboud 11

APRESENTAÇÃO 13

I
DIREITO PROCESSUAL CIVIL

VIRTUALIZAÇÃO DOS MÉTODOS AUTO E HETEROCOMPOSITIVOS PARA SOLUÇÃO DOS CONFLITOS
Frederico Ivens Miná Arruda de Carvalho,
Tatiana Freitas de Almeida Ivens de Carvalho 17

1	Introdução: do papel da tecnologia para a solução adequada dos litígios na conformação contemporânea do Sistema de Justiça	17
2	Da negociação, conciliação e mediação e os *On-Line Dispute Resolution*	20
3	Jurisdição arbitral e tecnologia	24
4	A virtualização da jurisdição estatal	26
4.1	Da informatização do processo judicial: da "Lei do Fax" ao "Juízo 100% Digital"	28
4.2	Do cumprimento digital de ordens judiciais	31
4.3	Prática de atos processuais de maneira digital	32
5	Inteligência artificial e Sistema de Justiça	34
6	Conclusão	36
Referências		37

A UTILIZAÇÃO DAS NOVAS TECNOLOGIAS A FAVOR DA CELERIDADE E DA EFETIVIDADE DOS PROCESSOS EXECUTIVOS FISCAIS

Manoel Alves Rabelo, Fernanda Montalvão da Vitória, Luciano Rabelo Bragatto 43
1   Introdução 43
2   O sistema Bacen Jud como instrumento tecnológico a serviço do Judiciário 44
3   Das novas tecnologias e seu papel como ferramentas eficientes na recuperação de crédito 48
3.1   Plataformas algorítmicas 48
3.1.1   Programa para oferta de memória de cálculo padrão 49
3.1.2   Algoritmo para criação de um Sistema Nacional Integrado de Bens (SNIB) 49
3.1.3   Plataforma unificada de leilões judiciais 51
3.2   Sobre o Inova PJE e o Centro de Inteligência Artificial aplicada ao PJe do Conselho Nacional de Justiça (CNJ) 53
3.3   Como seria afetado o direito ao contraditório e à ampla defesa caso estas tecnologias fossem aplicadas à execução fiscal – Como manter esse direito intacto 54
Considerações finais 56
Referências 56

NEGÓCIOS JURÍDICOS PROCESSUAIS E A VIRTUALIZAÇÃO DO PROCESSO

Augusto Passamani Bufulin, Tiago Aguiar Vilarinho 59
1   Introdução 59
2   A virtualização do processo como técnica de potencialização da eficiência processual 60
3   O poder de autorregramento da vontade no processo e seus limites 66
4   A virtualização convencional de atos ou etapas do procedimento 71
4.1   Protocolos institucionais 71
4.2   Convenção processual de virtualização de comunicações processuais e audiências e o "Juízo 100% Digital" 72

4.3 Pacto de submissão do litígio a mecanismos de resolução *on-line* de disputas – ODR 74
5 Conclusão 78
Referências 79

II
DIREITO PENAL

OS ASPECTOS DA LEI Nº 12.737/2012 E A CONSTATAÇÃO DO AUMENTO DA INCIDÊNCIA DA PRÁTICA DE DELITOS DE FRAUDE ELETRÔNICA CONTRA O PATRIMÔNIO DURANTE A PANDEMIA DA COVID-19

Fernando da Fonseca Resende Ribeiro 83
1 Introdução 83
2 Conceituação dos delitos informáticos 85
3 A edição da Lei nº 12.737/2012 e a aplicação nos delitos informáticos próprios 90
4 O aumento da incidência dos delitos informáticos impróprios no atual momento da pandemia da Covid-19 96
5 Considerações finais 101
Referências 103

III

DIREITO PROCESSUAL PENAL

INTIMAÇÃO NO PROCESSO PENAL EM TEMPOS DE PANDEMIA

Diego Crevelin de Sousa 107
1 Introdução 107
2 Direito de informação: conteúdo da garantia do contraditório e ampla defesa 108
3 A forma da intimação 113
4 A intimação no processo penal no período pandêmico 115

5   Conclusão 119
Referências 120

IV
DIREITO ADMINISTRATIVO

CONTRATAÇÕES PÚBLICAS DE INOVAÇÃO TECNOLÓGICA: BREVE ANÁLISE DOS POSSÍVEIS IMPACTOS PROVOCADOS PELO MARCO LEGAL DAS STARTUPS (PROJETO DE LEI COMPLEMENTAR Nº 146/2019)

Roberto Moraes Dias, Marcos Alberto Balestreiro Filho 125
1   Introdução 125
2   Panorama jurídico-normativo das contratações públicas de inovação tecnológica 126
3   Inovações presentes no Projeto de Lei Complementar nº 146/2019 130
4   Da grande possibilidade aberta pelo Marco Legal das *Startups* aos desafios trazidos pelo texto legal proposto no Projeto de Lei Complementar nº 146/2019 135
5   Considerações finais 139
Referências 141

V
DIREITO TRIBUTÁRIO

DIREITO E *STARTUPS*: UMA BREVE ANÁLISE DA RESPONSABILIDADE TRIBUTÁRIA DOS INVESTIDORES DAS *STARTUPS* NO ORDENAMENTO JURÍDICO BRASILEIRO

Augusto Passamani Bufulin, Daniel Souto Cheida 147
Introdução 147
1   A responsabilidade tributária e os seus aspectos jurídicos 149
1.1   Da responsabilidade tributária sucessória e de terceiros 150

2	As modalidades de investimento nas *startups* brasileiras	152
2.1	Sociedade em Conta de Participação (SCP)	153
2.2	Contrato de participação: investidor-anjo (LC 155/2016)	156
2.3	Fundos de investimento. *Private Equity* e *Venture Capital*	158
3	Dos instrumentos contratuais e processuais capazes de mitigar os riscos da responsabilidade tributária	159
3.1	Cláusula de representação e garantia (*Representations and Warranties*)	160
3.2	Cláusula de efeito material adverso (*Material Adverse Effect*)	161
3.3	*Covenant*	162
3.4	Os negócios jurídicos processuais	162
Conclusões		164
Referências		165

VI
DIREITO ELEITORAL

AS "FAKE NEWS" E O IMPACTO NO PROCESSO ELEITORAL
Rodrigo Marques de Abreu Júdice 169

1	Introdução	169
2	*Fake News* e o sistema político brasileiro	171
3	Propaganda na *internet*: abrangência e limites nas eleições de 2020	176
4	A especificidade da atuação das plataformas digitais frente à autonomia do Poder Judiciário	180
5	Considerações finais	183
Referências		188

SOBRE OS AUTORES 191

PREFÁCIO

Com grande entusiasmo, recebi o convite para prefaciar a bela obra coordenada pelo Professor Augusto Passamani Bufulin referente aos problemas atuais do Direito Público. Felizmente, faz mais de uma década que tenho o privilégio de desfrutar da amizade do coordenador do livro. Augusto, além de notável magistrado, é sem dúvida alguma um dos maiores privatistas do direito brasileiro.

Ocorre que a presente obra expande a área privatista para realização de uma sistematização contemporânea de diversos conflitos que permeiam o direito público. O Coordenador, ao lado de jovens talentos, oferece ampla gama de conteúdo sobre as dificuldades contemporâneas do direito público, mediante corte transteórico, perpassando direito processual civil, penal, administrativo, tributário e eleitoral.

Nesse contexto, o direito público é exposto a partir dessas diversas disciplinas sem perder de vista o impacto da tecnologia em relação a cada um dos temas. Desse modo, o processo civil é examinado tendo em vista a virtualização das audiências e do processo. Alguns exemplos paradigmáticos: no direito penal, é cada vez mais frequente a análise da fraude eletrônica; no direito administrativo, há um amplo estudo sobre o marco legal administrativo das *startups*; no campo tributário, examina-se a responsabilidade dos investidores de *startups* e, por fim, no âmbito eleitoral, é feita análise do intrincado problema das *fake news*.

Assim, a partir da leitura do próprio sumário da obra é fácil compreender que ela está diretamente relacionada aos temas contemporâneos, típicos da pós-modernidade nos quais regulação e tecnologia estão em constante tensionamento.

Tal tensionamento não pode ser perdido de vista. Segundo Bender e Wellbery, a âncora epistêmica da pós-modernidade se assenta naquilo que poderia ser chamado de nova retoricidade (*new rhetoricality*). Em contraposição à antiga gramática do mundo real, a gramática do mundo virtual representa um desafio para a intervenção estatal.

Vale dizer, a Internet possibilitou a ascensão de novos padrões de comunicação e circulação de informações, de modo a promover profunda reconfiguração da esfera pública.

Nessa perspectiva, os desafios trazidos pelas novas tecnologias ao direito, *e.g.*, Fake News, regulação de Startups, virtualização do ambiente processual são temáticas que precisarão ser devidamente enfrentadas na pós-modernidade. Nesse contexto, o presente livro é uma contribuição da maior grandeza para o aprimoramento desse debate na esfera pública brasileira.

Diante da satisfação de poder contar com este livro para compor o aparato teórico dos juristas, nada mais nos resta além de parabenizar o Coordenador e a Editora Fórum por disponibilizarem tão relevante obra ao público leitor.

De São Paulo para Vitória/ES com a amizade e a admiração do autor

Georges Abboud
Professor da Faculdade de Direito da Pontifícia Universidade Católica de São Paulo (PUC-SP). Professor do Mestrado e Doutorado em Direito Constitucional do IDP-DF. Livre-Docente. Doutor e Mestre em Direito pela PUC-SP. Advogado. Sócio do escritório Nery Advogados. OAB-SP 290.069.

APRESENTAÇÃO

O Direito, como área das ciências sociais aplicadas, tem como objetivo compreender as necessidades de um corpo social, suas consequências e suas finalidades.

A presente obra teve o cuidado e o objetivo de trazer à academia, através dos estudos desenvolvidos no Programa de Pós-Graduação em Direito Processual da Universidade Federal do Espírito Santo e da valiosa contribuição de professores e profissionais renomados do universo jurídico, temas que enfrentam e debatem essas questões. Quais as necessidades presentes a serem resolvidas no campo do direito público? Quais questões estão sendo objeto de discussões e de conflitos não resolvidos na sociedade que precisam de uma resposta jurídica ou ao menos de balizas que possam moldar os comportamentos a serem praticados no mundo jurídico?

Optamos por dividir a obra em eixos estruturantes, através de um corte teórico que englobasse o exame das diversas disciplinas sempre a partir da perspectiva do impacto da tecnologia sobre elas. Assim, no direito processual civil, passamos pela análise da virtualização dos métodos auto e heterocompositivo, em seguida dedicamos um tópico para o estudo da utilização de novas tecnologias como indutor da celeridade e da efetividade dos processos executivos fiscais e optamos por investigar os negócios jurídicos processuais sob o influxo da virtualização procedimental, através de suas formas e suas consequências jurídicas.

No campo do direito penal, optamos por abordar os delitos de fraude eletrônica contra o patrimônio, especialmente durante a pandemia da Covid-19 e as dificuldades e soluções das intimações no processo penal em tempos de pandemia, auferindo daí conclusões que possam permanecer mesmo após a superação dessa epidemia.

No direito administrativo e no direito tributário, dedicamo-nos a fazer uma análise das contratações públicas de inovação tecnológica através dos impactos provocados pelo Marco Legal das Startups, que resultou na edição da Lei Complementar nº 182, de 1º de junho de 2021 e sobre a responsabilidade tributária dos investidores das startups no ordenamento jurídico brasileiro atual, enfocando a natureza do negócio e soluções para que o investidor possa alocar seu capital minimizando legal e licitamente seu risco, com o objetivo de que o país siga na rota dos investimentos nacionais e internacionais.

Por fim, abordamos o impacto no processo eleitoral das *fake news*, fenômeno cada vez mais atual e cuja importância não pode ser minimizada no mundo tecnológico em que vivemos.

Nosso objetivo é que esta obra traga algumas ideias e soluções para os inúmeros desafios que enfrentamos em nosso estágio de desenvolvimento, cumprindo a vocação do direito como fenômeno que interpreta e compreende as necessidades do mundo em que vivemos.

I
DIREITO PROCESSUAL CIVIL

VIRTUALIZAÇÃO DOS MÉTODOS AUTO E HETEROCOMPOSITIVOS PARA SOLUÇÃO DOS CONFLITOS

FREDERICO IVENS MINÁ ARRUDA DE CARVALHO
TATIANA FREITAS DE ALMEIDA IVENS DE CARVALHO

1 Introdução: do papel da tecnologia para a solução adequada dos litígios na conformação contemporânea do Sistema de Justiça

A vida em sociedade conduz ao inevitável advento de conflitos de ordem jurídica, concernentes à certeza quanto à existência, inexistência ou modo de ser de direitos, obrigações e relações jurídicas e o seu cumprimento, implicando em instabilidade na vida social e nas instituições, sendo sua adequada solução por meio de um Sistema de Justiça, papel eminentemente legitimador do Estado, ao qual compete assegurar seu acesso e regular funcionamento.[1]

Nesta toada, ao longo do tempo as formas de resolução dos litígios, o conceito de acesso à justiça e a própria estruturação de seu Sistema têm sofrido modificações fruto da evolução cultural e tecnológica, buscando-se por meio do presente artigo a identificação dos seus atributos contemporâneos.

Inicialmente sob o prisma cultural, percebe-se que a partir da Constituição Federal de 1988, operou-se um resgate da cidadania e a conscientização dos indivíduos quanto à titularidade de uma plêiade de direitos individuais e coletivos submetidos à tutela do Poder Judiciário por meio do fundamental e amplo acesso à justiça frente a qualquer lesão ou ameaça a direito (art. 5º, XXXV);

---

[1] DINAMARCO, Cândido Rangel; BADARÓ, Gustavo Henrique Righi Ivahy; LOPES, Bruno Vasconcelos Carrilho. *Teoria geral do processo*. 32. ed. São Paulo: Malheiros, 2020, p. 32-33.

tipificação de instrumentos e técnicas processuais e criação de órgão de estado destinado a prestar assistência jurídica gratuita e integral aos necessitados, o que fez, conforme observa Trícia Navarro Xavier Cabral[2] que conflitos outrora reprimidos fossem judicializados com maior frequência, culminando com a estagnação do Poder Judiciário, cujos recursos se revelavam insuficientes à solução dos conflitos em tempo razoável por meio da jurisdição, vista então como método preponderante, ao qual se somavam métodos reputados alternativos como a arbitragem, conciliação e mediação.

Todavia, a evolução do sistema normativo, fundada no aprimoramento da exegese constitucional e das reformas legislativas, sobretudo a Resolução nº 125/2010 do Conselho Nacional de Justiça, concernente à Política Judiciária nacional de tratamento adequado dos conflitos de interesses no âmbito do Poder Judiciário, a Lei de Mediação (nº 13.140/15) e o Código de Processo Civil de 2015, implicaram no reconhecimento de que os sujeitos parciais possuem a capacidade de construir, ainda que com auxílio e orientação, uma solução consensual para o litígio e que esta manifestação de liberdade e autonomia, conquanto fator de pacificação e cidadania, deve ser privilegiada em detrimento do ato de autoridade estatal, o que implica em uma radical transformação, em que se supera o modelo de justiça estatal clássica adjudicada.[3]

Desta forma, pontua acertadamente Kazuo Watanabe[4] que o conceito de acesso à justiça sofreu uma atualização a partir de sua concepção clássica, contemplando o acesso à ordem jurídica justa, que não se cinge à postulação perante o Poder Judiciário, manifestado assim por meio de um Sistema Multiportas que, partindo da compreensão de que para cada litígio existe em

---

[2] CABRAL, Trícia Navarro Xavier. Presente e futuro da mediação: desafios e perspectivas para os próximos 10 anos. *In*: LUCON, Paulo Henrique de; FARIA, Juliana Cordeiro; MARX NETO, Edgard Audomar (Org.). *Processo civil contemporâneo*: Homenagem aos 80 anos do professor Humberto Theodoro Júnior. Rio de Janeiro: Forense, 2018, p. 909.

[3] DIDIER JR., Fredie; ZANETI JR., Hermes. Justiça multiportas e tutela adequada em litígios complexos: autocomposição e os direitos coletivos. *In*: ZANETI JR., Hermes; CABRAL, Trícia Navarro Xavier (Coord.). *Justiça multiportas*: mediação, conciliação, arbitragem e outros meios adequados de solução de conflitos. 2. ed. Salvador: Juspodivm, 2018, p. 37-66.

[4] WATANABE, Kazuo. Estratégias para a solução pacífica de conflitos de interesses. *In*: CURY, Augusto (Org.). *Soluções pacíficas de conflitos para um Brasil moderno*. Rio de Janeiro: Forense, 2019, p. 35-36.

específico uma forma adequada de solução, preocupa-se com o cotejo de suas particularidades e emprego de todos esforços na solução consensual ou, subsidiariamente, na jurisdição estatal ou arbitral,[5] manifestando-se por meio de um microssistema integrado harmonicamente.

Tanto a autocomposição, passível de alcance pelas partes por meio de negociação, conciliação e mediação, como a heterocomposição, advinda da jurisdição arbitral ou estatal se situam dentro da concepção contemporânea de acesso à justiça, integrando um Sistema de Justiça que deve primar pela tempestividade e racionalidade quanto aos seus resultados, com a cooperação de todos os sujeitos envolvidos.

Concomitantemente a tal modificação na ideologia do Sistema de Justiça, tal como ocorrido em diversas searas da sociedade contemporânea, a tecnologia impacta sobremaneira neste, conduzindo, conforme assevera Richard Susskind,[6] à automação dos métodos tradicionais de solução dos conflitos, por meio da incorporação de novas tecnologias a velhas rotinas e, com especial relevo, à sua transformação, quando o avanço tecnológico possibilita a realização de tarefas antes inconcebíveis.

Neste sentido a tecnologia impacta expressivamente nas formas de solução dos litígios, que apresentam desafios e soluções próprias, objeto do presente estudo, destinado a refletir sobre as nuances da transposição dos métodos autocompositivos e heterocompositivos para a seara virtual.

---

[5] MARTINS, Carolina Azevedo. A justiça multiportas e os meios adequados de solução de controvérsias: além do óbvio. *Revista de Processo*, vol. 279/2019, p. 399-417, nov./2019.

[6] "One one hand, systems can be used to improve, refine, streamline, optimize, and turbo-charge our traditional ways of working. This is what most judges and lawyers (and most professional, for that matter) have in mind when they give some thought to technology. They reflect on routine, repetitive, and often antiquated tasks and activities in their courts and imagine (correctly) that some set of systems could be introduced to bring new efficiencies and make life easier. [...] I call it 'automation'. It involves grafting new technology onto old working pratices. On the other hand, technology can play a very different role. It can displace and revolutionize conventional working habits and bring radical change-doing new things rather than old things in new ways. [...] This is about using technology to allow us to perform tasks and deliver services that would not have been possible, or even conceivable in the past" (SUSSKIND, Richard. *Online courts and the future of Justice*. United Kingdom: Oxford University Press, 2019, p. 34).

2 Da negociação, conciliação e mediação e os *On-Line Dispute Resolution*

A constatação de que o real acesso à justiça previsto na Constituição Federal de 1988 (art. 5º, XXXV) transcende o direito à postulação de uma atuação adjudicatória do Poder Judiciário, integrando a devida orientação, atendimento e o incentivo à busca da composição dos conflitos coloca em voga no Sistema de Justiça contemporâneo os métodos autocompositivos, sendo certo que a virtualização contribui decisivamente para sua difusão e aprimoramento, de sorte que os *On-line Dispute Resolution* ensejam concreta revolução na forma de solucionar os conflitos.

Entrementes, a ideia inicial de meios alternativos de solução de disputas ou *Alternative Dispute Resolution Systems* (ADR) não é propriamente recente, integrando na obra de Mauro Capeletti e Bryan Garth[7] as tendências no uso do enfoque do acesso à justiça, sendo enquadradas atualmente, em detrimento à pecha de alternativos, como formas autocompositivas adequadas de resolução de conflitos,[8] ou, conforme pontua Leonardo Carneiro da Cunha,[9] meios alternativos de resolução de controvérsias – MASC ou meios extrajudiciais de resolução de controvérsias – MESC, cujo fomento corresponde à implementação de um dever institucional do Poder Judiciário trazido pela Resolução nº 125/2010 do Conselho Nacional

---

[7] "Existem vantagens óbvias tanto para as partes quanto para o sistema jurídico, se o litígio é resolvido sem necessidade de julgamento. A sobrecarga dos tribunais e as despesas excessivamente altas com os litígios podem tornar particularmente benéficas para as partes as soluções rápidas e mediadas tais como o juízo arbitral. Ademais, parece que tais decisões são mais facilmente aceitas do que decretos judiciais unilaterais, uma vez que eles se fundam em acordo já estabelecido entre as partes. É significativo que o processo dirigido para a conciliação – ao contrário do processo judicial, que geralmente declara uma parte 'vencedora' e outra 'vencida' – oferece a possibilidade de que as causas mais profundas de um litígio sejam examinadas e restaurado um relacionamento complexo e prolongado" (CAPELLETTI, Mauro; GARTH, Bryan. *Acesso à justiça*. Tradução: Ellen Gracie Northfleet. Porto Alegre: Sergio Fabris, 1988, p. 83-85).

[8] JUNQUILHO, Tainá Aguiar. Resolução online de conflitos: limites, eficácia e panorama de aplicação no Brasil. In: NUNES, Dierle; LUCON, Paulo Henrique dos Santos; WOLKART, Erik Navarro (Coord.). *Inteligência artificial e direito processual*: os impactos da virada tecnológica no direito processual. Salvador: Juspodivm, 2020, p. 185.

[9] CUNHA, Leonardo Carneiro. Comentários ao art. 1º. In: CABRAL, Trícia Navarro Xavier; CURY, Cesar Felipe. *Lei de mediação comentada artigo por artigo*. 2. ed. Indaiatuba: Foco, 2020, p. 1-2.

de Justiça, com relevantes aportes normativos como as Resoluções nºs 118/2014 e 326/2020 do órgão, a Lei de Mediação (13.105/2015) e o Código de Processo Civil de 2015, cuja norma fundamental do artigo 3º enuncia que não se excluirá da apreciação jurisdicional ameaça ou lesão a direito, permitindo-se o uso da arbitragem, devendo o Estado promover a solução consensual dos conflitos, pautando-se pela implementação da conciliação, da mediação e outros métodos adequados de solução consensual de conflitos.

Nesta toada, a conciliação é o método em que todos os interessados, com o auxílio de terceiro imparcial, buscam, por meio do diálogo, solucionar conflito pontual mediante a construção harmônica de um consenso (autocomposição), podendo o facilitador da comunicação (conciliador) interferir de maneira proativa, inclusive com a sugestão de soluções.[10]

A seu turno, a mediação concerne a método por meio do qual a comunicação entre as partes se dá com a intervenção de terceiro que mantém posição de neutralidade, buscando fomentá-las a reestabelecer o diálogo e alcançarem, por iniciativa própria, uma solução autocompositiva, tendo relevante papel nos conflitos concernentes a relações duradouras.[11]

Por fim, outro método adequado para a solução consensual dos litígios corresponde à negociação, em que o diálogo é mantido diretamente, de maneira síncrona ou assíncrona entre as partes, sem o auxílio de terceiros, evoluindo até alcançar um desfecho compositivo edificado livremente pelos interessados.[12]

Conforme propõe Ricardo Goretti na obra em que busca a apresentação de critérios científicos para a escolha do método adequado,[13] não há óbice à negociação direta quando se identifica a possibilidade de diálogo entre as partes e é admitida a autocomposição,

---

[10] DEBS, Martha El; DEBS, Renata El; SILVEIRA, Thiago. *Sistema multiportas a mediação e a conciliação nos cartórios como instrumento de pacificação social e dignidade humana.* Salvador: Juspodivm, 2020, p. 118.
[11] CUNHA, Leonardo Carneiro. Comentários ao art.1º. In: CABRAL, Trícia Navarro Xavier; CURY, Cesar Felipe. *Lei de mediação comentada artigo por artigo.* 2. ed. Indaiatuba: Foco, 2020, p. 5.
[12] SOARES, Erika Zanon. Conciliação e o código de processo civil. In: NUNES, Ana (Coord.). *Mediação e conciliação:* teoria e prática. São Paulo: Revista dos Tribunais, 2018, p. 75.
[13] GORETTI, Ricardo. *Gestão adequada de conflitos:* do diagnóstico à escolha para cada caso concreto. Salvador: Juspodivm, 2019, p. 97.

inexistindo fragilidades ou interrupções no fluxo comunicacional, todavia, quando o caso demande a presidência por um facilitador imparcial para o estabelecimento ou manutenção do diálogo, recomendável a conciliação ou a mediação.

Todavia, vislumbra Isabela Ferrari[14] que em um mundo hiperconectado, em questão de pouco tempo as ferramentas tradicionais de ADR se revelaram limitadas para a solução dos conflitos, de sorte que "a mesma tecnologia que permitia uma interação muito mais intensa – e, portanto, a eclosão de mais conflitos – passou a ser pensada como um instrumento para auxiliar na resolução dessas disputas", sendo um caminho natural a virtualização de tais métodos.

Assim, as *On-line Dispute Resolution*, que encontram lastro no art. 46 da Lei de Mediação[15] e, recentemente, na Resolução nº 358/2020 do Conselho Nacional de Justiça, incorporam os métodos autocompositivos em epígrafe, transferindo a comunicação entre as partes para o ambiente virtual, o que contribui decisivamente para a derrubada de dificuldades de acesso fora do meio digital, como o seu desconhecimento, a necessidade de deslocamento para local específico ou entraves de ordem burocrática, sendo identificadas diversas manifestações.[16]

Nesta senda, a iniciativa de resolução consensual dos litígios tem sido adotada por diversas *startups*, como a Sem Processo, que contempla um módulo pré-contencioso que possibilita aos advogados o contato com o setor jurídico da parte adversa em momento antecedente à propositura da ação, facilitando a implementação de uma boa prática por meio da superação de empecilhos à comunicação.

---

[14] FERRARI, Isabela. Cortes Online I: introdução às Cortes Online. *In*: FERRARI, Isabela (Coord.). *Justiça Digital*. São Paulo: Revista dos Tribunais, 2020, p. 40.

[15] "Art. 46. A mediação poderá ser feita pela internet ou por outro meio de comunicação que permita a transação à distância, desde que as partes estejam de acordo.
Parágrafo único: É facultado à parte domiciliada no exterior submeter-se a mediação segundo as regras estabelecidas nesta lei."

[16] BECKER, Daniel; FEILGELSON, Bruno. Acesso à justiça para além de Cappelletti e Garth: a resolução de disputas na era digital e o papel dos métodos online de resolução de conflitos (ODR) na mitigação da crise de justiça no Brasil. *In*: LUCON, Paulo Henrique dos Santos; WOLKART, Erik Navarro; LAUX, Francisco de Mesquita; RAVAGNANI, Giovani dos Santos (Coord.). *Direito, processo e tecnologia*. São Paulo: Revista dos Tribunais, 2020, p. 207-208.

Destacam-se ademais iniciativas de *ODR in company*, por meio do qual, visando otimizar a experiência dos clientes, as empresas incorporam sistemas de resolução *on-line* de litígios, como os adotados pelas plataformas de intermediação de compra e venda Ebay, Alibaba e Mercado Livre, nas quais as desavenças entre compradores e vendedores são equacionadas por meio das técnicas de negociação, conciliação e, em última instância, arbitragem de consumo, podendo culminar com a restituição dos valores pagos e, até, com a exclusão de usuários infratores.

No mais, exemplos de aplicação *on-line* do método autocompositivo de negociação podem ser identificados em plataformas mantidas por empresas quanto a demandas concernentes a transporte aéreo, nas quais, em momento antecedente à deliberação sobre a propositura de ação, em sub-rogação aos direitos do passageiro, há tentativa de composição com as transportadoras.[17]

Em espectro mais amplo, a página Consumidor.gov.br, tem se qualificado paulatinamente como a maior plataforma de solução de litígios, atuando por meio da aproximação das partes em litígio, para ciência inequívoca do fornecedor e possibilidade de solução por meio da negociação, procedendo, ademais, à catalogação dos índices de reclamações resolvidas e satisfação dos consumidores, com uma correlata reputação dos fornecedores, passível de consulta por qualquer interessado e que incentiva o aprimoramento dos produtos e serviços, visto que as companhias buscarão a inexistência de reclamações ou sua pronta resposta e solução,[18] prospectando-se sua utilização também para os serviços públicos, mercê o Decreto nº 10.197/2020.

Desta forma, considerando a racionalidade que os *ODR* trazem para a solução dos litígios, e em consonância com o entendimento do

---

[17] Com críticas quanto às referidas *lawtechs* quanto a contrariedade à lei de mediação, fraude aos Juizados Especiais Cíveis e violações ao Estatuto da OAB, confira-se: PEREIRA, Luiz Fernando Casagrande; SCHINEMANN, Caio César Bueno. On-line dispute resolution no processo civil brasileiro: o caso das plataformas de indenização contra companhias aéreas. *In*: LUCON, Paulo Henrique dos Santos; WOLKART, Erik Navarro; LAUX, Francisco de Mesquita; RAVAGNANI, Giovani dos Santos (Coord.). *Direito, processo e tecnologia*. São Paulo: Revista dos Tribunais, 2020, p. 439-460.

[18] COSTA, Susana Henriques da; FRANCISCO, João Eberhardt. Acesso à justiça e a obrigatoriedade da utilização dos mecanismos de Online Dispute Resolution: estudo da plataforma consumidor.gov.br. *In*: LUCON, Paulo Henrique dos Santos; WOLKART, Erik Navarro; LAUX, Francisco de Mesquita; RAVAGNANI, Giovani dos Santos (Coord.). *Direito, processo e tecnologia*. São Paulo: Revista dos Tribunais, 2020, p. 685.

Supremo Tribunal Federal que identificou que para as demandas de natureza previdenciária o interesse de agir reclama prévia tentativa de solução extrajudicial mediante requerimento administrativo, salvo quando existente notório e reiterado entendimento da Administração Pública em sentido contrário (Recurso Extraordinário 631.240/MG, rel. Min. Roberto Barroso, julgado em 03.09.2014), e aplicado posteriormente quanto à indenização do Seguro DPVAT (Recurso Extraordinário 839.314/MA, rel. Min. Luiz Fux, julgado em 10.10.2014), emana nos tribunais o entendimento de que, ante a possibilidade de acesso aos *ODR*, também os processos concernentes a relações de consumo devem ser sobrestados ou, eventualmente extintos, na hipótese de não ter o autor se valido da prévia tentativa de composição por meio extrajudicial.[19]

Assim, prospecta-se, conforme escólio de Humberto Dalla Bernardina de Pinho[20] que a partir do dever de cooperação que compreende o uso engajado e participativo de todos os meios aptos a obter o consenso no caso concreto, antes, durante e após o ajuizamento da demanda judicial, as partes deverão demonstrar antes do ajuizamento da demanda que engendraram ao menos alguma forma de tentativa de resolução, agindo o magistrado como agente de filtragem dos conflitos, de modo a identificar o método mais adequado no caso concreto, o que propiciará não apenas a efetividade do serviço prestado, mas uma função pedagógica, educativa e aconselhadora, servindo os *ODR* para tal desiderato de maneira célere e racional.

3 Jurisdição arbitral e tecnologia

Assevera Loïc Cadiet[21] que a arbitragem se situa dentro de uma ampla tendência à contratualização das ferramentas de solução

---

[19] PARO, Giácomo; Marques, Ricardo Dalmaso; DUARTE, Ricardo Quass. On-line Dispute Resolution (ODR) e o interesse processual. *In*: LUCON, Paulo Henrique dos Santos; WOLKART, Erik Navarro; LAUX, Francisco de Mesquita; RAVAGNANI, Giovani dos Santos (Coord.). *Direito, processo e tecnologia*. São Paulo: Revista dos Tribunais, 2020, p. 313.

[20] PINHO, Humberto Dalla Bernardina. Mediação online em tempos de virtualização forçada. *In*: FUX, Luiz; ÁVILA, Henrique; CABRAL, Trícia Navarro Xavier (Coord.). *Tecnologia e justiça multiportas*. Indaiatuba: Foco, 2021, p. 450-453.

[21] Registra o autor que embora prevista pela lei francesa desde 1925, a arbitragem tinha sua incidência adstrita às relações entre comerciantes, recebendo nova disciplina no ano de 2001, quando, referindo-se aos litígios emanados de atividades profissionais, recebeu

dos litígios e tem sofrido uma expansão ao longo dos últimos anos, sendo esta inclinação também observada no sistema brasileiro.

Com efeito, registra Luiz Antonio Scavone Júnior[22] que a arbitragem como método de heterocomposição dos litígios já encontrava previsão normativa no Código Civil de 1916, que enunciava, dentro da plêiade de meios indiretos de extinção da obrigação por pagamento, o compromisso escrito de submeter a pendência judicial ou extrajudicial a árbitros (art. 1.037), sendo, então, solucionado mediante laudo, que dependia de homologação judicial (art. 1.085 do CPC/73) para a plena produção de efeitos, o que implicou, em termos práticos, em pouca utilização.

Posteriormente, com o advento da Lei nº 9.307/96, que conferiu tratamento normativo mais atualizado ao instituto, a atividade arbitral foi investida em inequívoco caráter jurisdicional, com a dispensa de homologação ou revisão judicial da sentença proferida pelo árbitro, que passou a ser investida da natureza de título executivo judicial, sendo aprimorada quanto às hipóteses de cabimento e incorporação de técnicas mais modernas do processo civil pela Lei nº 13.129/2015.

Destarte, nos moldes atuais, a jurisdição arbitral pode ser instituída por partes capazes e pela administração pública direta e indireta para a solução de conflitos concernentes a direitos patrimoniais disponíveis, por meio de cláusula contratual compromissória e posterior compromisso arbitral, situando-se dentro do poder de autorregramento dos litigantes a escolha dos árbitros e ampla indicação de critérios de disciplina do procedimento, tanto de ordem material quanto procedimental, em detrimento à jurisdição estatal, marcada, conforme indica Trícia Navarro Xavier Cabral,[23] por um espectro de flexibilidade reduzido como fruto da sua natureza pública.

Estabelece o art. 21 da Lei de Arbitragem que esta obedecerá a procedimento estabelecido pelas partes na convenção, podendo se

---

maior amplitude (CADIET, Loïc. *Perspectivas sobre o sistema da justiça civil francesa*: seis lições brasileiras. Tradução: Daniel Mitidiero; Bibiana Gava Toscano de Oliveira; Luciana Robles de Almeida e Rodrigo Lomando. São Paulo: Revista dos Tribunais, 2017, p. 78-81).

[22] SCAVONE JÚNIOR, Luiz Antonio. *Manual de arbitragem*: mediação e conciliação. 8. ed. Rio de Janeiro: Forense, 2018, p. 18.

[23] CABRAL, Trícia Navarro Xavier. *Limites da liberdade processual*. Indaiatuba: Foco, 2019, p. 25-26.

reportar a regras de um órgão arbitral ou por delegação das partes ao árbitro ou atuação subsidiária deste.

Assim, a natureza privada da jurisdição arbitral proporciona maior flexibilidade na incorporação de avanços tecnológicos no procedimento, sendo uma tendência a inclusão nos regulamentos das câmaras de arbitragem da utilização de videoconferência para as reuniões do Tribunal, bem como para a realização de atos instrutórios.[24]

Identifica-se, ademais, a tendência do estabelecimento de plataformas digitais de arbitragem visando a solução de litígios, como verificado quanto às disputas inerentes a nomes de domínios de sítios da Internet, submetidas a arbitragem *on-line* por meio do *Uniform Dispute Resolution Policy – URDP* desde o ano 2000.[25]

Ademais, verifica-se, a partir do Regulamento UE 524/2013, que os litígios decorrentes da aquisição de bens e serviços *on-line* entre consumidores e comerciantes com domicílio na União Europeia, Noruega, Islândia e Liechtenstein, são submetidos a uma plataforma de resolução de litígios em linha, que possibilita inicialmente a busca de consenso entre os contratantes e, na hipótese de insucesso, a escolha de entidade que solucionará o conflito.[26]

4 A virtualização da jurisdição estatal

De outro giro, ainda que em velocidade inferior aos métodos de resolução de litígios na esfera privada, como decorrência do regime público ao qual se submetem suas contratações (art. 37, XXI da Constituição Federal), o Poder Judiciário tem adotado como política a incorporação de soluções tecnológicas, que propiciam uma revolução no funcionamento de suas unidades, rotina de servidores,

---

[24] À guisa de exemplo, se tem o regulamento do Centro Brasileiro de Mediação e Arbitragem, conforme itens 9.3 e 12.4. Disponível em: http://www.cbma.com.br/regulamento_1. Acesso em: 02 dez. 2020.
[25] FONTES, Marcos Rolim Fernandes. Arbitragem online: o sistema de resolução de disputas sobre nomes de domínio da ICAAN – vícios e virtudes. *Revista de Arbitragem e Mediação*, vol. 04/2005, p. 62-81, jan./mar./2005.
[26] CAHALI, Francisco José; TEODORO, Viviane Rosolia. A resolução de litígios online e a União Europeia em contraste com a arbitragem nos contratos de consumo no Brasil. *Revista de Direito do Consumidor*, vol. 131/2020, p. 385-415, set.- out./2020.

magistrados, advogados e jurisdicionados e da conformação da prestação jurisdicional.

Destaca-se inicialmente o papel do Conselho Nacional de Justiça que, no exercício do seu poder normativo, editou uma plêiade de atos que têm direcionado a gestão judiciária (*court management*),[27] que dialoga com a conformação democrática do processo civil contemporâneo e também possibilita a incorporação de novas soluções tecnológicas por meio de flexibilização procedimental decorrente de disposição convencional dos sujeitos processuais e do *case management* outorgado ao magistrado.

Com efeito, nos feitos referentes a matéria passível de autocomposição, o art. 190 do CPC/2015 investiu as partes capazes do poder de convencionar com atipicidade mudanças no procedimento e disciplinar seus ônus, poderes, faculdades e deveres de ordem processual, de sorte que, sem embargo do controle judicial, exercido em caráter excepcional nas hipóteses de manifesta vulnerabilidade, abusividade em cláusula de eleição ou, conforme assevera Igor Raatz,[28] a violação a direitos fundamentais processuais, amplo é o espectro de convencionalidade, e por conseguinte, a possibilidade de aporte de inovações tecnológicas na reformulação dos atos processuais.

Ademais, indica Isabela Ferrari[29] que o art. 139, VI do CPC/2015 adotou a noção de *case management* e impôs ao magistrado, na qualidade de diretor do processo o poder-dever de adequação do rito processual às peculiaridades do caso concreto, o que contempla a possibilidade de incorporação de avanços tecnológicos.

Ao passo em que o Sistema de Justiça experimenta um quadro de estagnação quanto aos seus recursos que implica, conforme

---

[27] Registra-se neste sentido com destaque, a Resolução nº 185/2013 que instituiu o Sistema de Processo Judicial Eletrônico – PJE como sistema de processamento de informações e prática de atos processuais e estabeleceu critérios para sua implementação e funcionamento; a Resolução nº 335/2020 que instituiu a política pública para a governança e gestão do processo judicial eletrônico e integrou os tribunais por meio de plataforma digital nacional; a Resolução nº 345/2020 que dispôs sobre o "Juízo 100% Digital"; Resolução nº 354/2020 que dispôs sobre o cumprimento digital de ato processual e de ordem judicial e a Resolução 358/2020 que regulamentou a criação de soluções tecnológicas para a resolução de conflitos por meio da conciliação e mediação.

[28] RAATZ, Igor. *Autonomia privada e processo*. 2. ed. Salvador: Juspodivm, 2019, p. 242-247.

[29] FERRARI, Isabela. Cortes online I: introdução às cortes online. *In*: FERRARI, Isabela (Coord.). *Justiça Digital*. São Paulo: Revista dos Tribunais, 2020, p. 38.

assevera Erik Navarro Wolkart[30] em uma "tragédia dos comuns", frente a necessidade de atendimento da crescente demanda, a virtualização dos diversos aspectos da jurisdição estatal contribui decisivamente para sua tempestividade e economicidade.

Tal manifestação é perceptível em diversos eixos: informatização do processo judicial; adoção de sistemas auxiliares para o cumprimento das ordens judiciais; prática de atos processuais de maneira digital e a utilização de inteligência artificial, sendo a seguir estudados.

4.1 Da informatização do processo judicial: da "Lei do Fax" ao "Juízo 100% Digital"

A concepção tradicional de que o processo tramita em autos com documentação física (papel) tem sido paulatinamente superada pelo agasalho à virtualização de atos processuais, objeto de reformas legislativas ao longo das últimas décadas.

Inicialmente, a Lei nº 9.800/99, conhecida doutrinariamente como "Lei do Fax" foi a primeira a autorizar a utilização de sistema de transmissão de dados para a prática de atos processuais que dependessem de petição escrita, possibilitando assim o protocolo de manifestações pela via, sem prejuízo da obrigatoriedade de

---

[30] "A chamada tragédia dos comuns é uma parábola famosa em microeconomia que ilustra como os recursos comuns (bens comuns) tendem a ser explorados em níveis acima do desejável do ponto de vista social, gerando uma tendência de esgotamento (o que seria a tragédia). A parábola consiste na singela história de uma pequena cidade medieval na qual a criação de ovelhas era uma das principais atividades comerciais. As ovelhas pertencentes às diversas famílias da cidade pastavam em um grande campo que a rodeava, chamado Town Common. Esse pasto era público e grande o suficiente para que todas as ovelhas pudessem alimentar-se, ao mesmo tempo em que áreas não utilizadas iam renovando-se, funcionando, portanto, muito bem. Ocorre que, conforme a cidade crescia, mais e mais ovelhas eram colocadas na terra pelas famílias. Logo a gleba tornou-se um bem escasso, levando a uma concorrência de consumo. Como não havia incentivos para diminuir o uso da pastagem, esgotou-se e Town Common acabou tornando-se um terreno barroso e inútil. [...] Os números sobre as despesas e receitas provenientes do pagamento de custas da Justiça brasileira desenham as condições perfeitas para a efetiva tragédia da Justiça. Como vimos, o indivíduo que ajuíza uma ação no Brasil, contribui em média com apenas 10% do custo do novo processo gerado. Há, assim, um evidente incentivo para que muitas ações sejam ajuizadas, levando ao esgotamento da atividade jurisdicional como bem comum, expressada de modo cristalino nas taxas de congestionamento da Justiça descritas nos relatórios do CNJ" (WOLKART, Erik Navarro. *Análise econômica do processo civil*: como a economia, o direito e a psicologia podem vencer a tragédia da justiça. São Paulo: Revista dos Tribunais, 2019, p. 86-88).

juntada do petitório original no prazo de 05 (cinco) dias, o que propiciou, conforme indicam Carlos Marden Cabral Coutinho e Gabriela Martins do Carmo,[31] uma discreta quebra do paradigma clássico que confundia o processo com sua manifestação física, sendo seguida pela Lei dos Juizados Especiais Federais, que autorizava o recebimento de petições por meio eletrônico, com a dispensa de apresentação das mesmas pela via física (art. 8º da Lei nº 10.259/01).

Todavia, as linhas gerais da ampla virtualização da jurisdição estatal foram traçadas pela Lei nº 11.419/06, que fixou conceitos e diretrizes para o trâmite de processos com autos total ou parcialmente digitais, institutos que representam uma arquitetura prática para sua incidência, como a assinatura digital e o Diário de Justiça Eletrônico, modificando, ademais, o art. 154 do Código de Processo Civil então vigente para admitir a comunicação oficial e a produção, transmissão, armazenamento e assinatura de atos e termos processuais por meio eletrônico,[32] sendo prodigiosamente incorporados pelo diploma processual de 2015, que tratou em seção específica da prática eletrônica de atos processuais (art. 193 e seguintes) e em diversos dispositivos específicos.[33]

Por fim, com o avanço na implementação do Processo Judicial Eletrônico nas unidades judiciais e o resultado do teletrabalho imposto aos seus membros e servidores por conta da pandemia de Covid-19, o avanço tecnológico culminou com legítima transformação no método de trabalho através da implementação do "Juízo 100% Digital" a partir de diretrizes trazidas pela Resolução nº 345/2020 do Conselho Nacional de Justiça.

---

[31] "Ainda que de maneira discreta, estava aberta a possibilidade para o rompimento do conceito clássico de processo, enquanto confundido com os próprios autos processuais, ou seja, como uma entidade física, composta da coleção dos diversos atos processuais, que, necessariamente, deveriam ser praticados de maneira escrita e ser apresentados impressos ao Poder Judiciário. Apresentava-se, então, a oportunidade para que o direito processual se apropriasse dos meios tecnológicos disponíveis e passasse a assimilar gradativamente o conceito de processo eletrônico" (COUTINHO, Carlos Marden Cabral; CARMO, Gabriela Martins. Processo eletrônico no novo processo civil: limites e possibilidades democráticas. *Revista de Processo*, vol. 284/2018, p. 21-38, out./2018).

[32] ABRÃO, Carlos Henrique. *Processo Eletrônico*: processo digital. 5. ed. São Paulo: Atlas, 2017, p. 11.

[33] Para rol completo de dispositivos inseridos no CPC/2015, *vide* MARCACINI, Augusto Tavares Rosa. Comentários ao art.192. *In*: WAMBIER, Teresa Arruda Alvim; DIDIER JR., Fredie; TALAMINI, Eduardo; DANTAS, Bruno (Coord.). *Breves comentários ao novo código de processo civil*. 3. ed. São Paulo: Revista dos Tribunais, 2016, p. 668-670.

O referido modelo é de opção facultativa dos litigantes por meio de convenção processual, que se aperfeiçoa pela opção do demandante no momento do ajuizamento e aquiescência do demandado, que a esta poderá se opor em sede de contestação, sendo possibilitada a retratação por uma única vez até a prolação da sentença (art. 3º da Resolução) e implica na prática de todos os atos do processo de maneira exclusiva por meio eletrônico e remoto, aí incluídas as intimações dos atos e termos do processo, atendimento às partes e advogados, audiências e sessões de julgamento, representando potencial otimização do tempo de tramitação dos processos e economia de recursos do Poder Judiciário e implicará, futuramente, no próprio redimensionamento das instalações das serventias judiciais e de sua competência territorial.[34]

No mais, conforme indica Luiz Fux,[35] o modelo em questão se preocupa, ademais, com a inclusão digital dos utentes da jurisdição digital, com a fixação de diretrizes para os tribunais, quanto à disponibilização de infraestrutura de informática e telecomunicação, bem como de sala para participação das partes nos atos, sendo tal investimento vantajoso em termos de economia futura e otimização da atividade-fim.

Desta forma, o processo judicial eletrônico se reveste de ubiquidade, visto que autoriza o acesso aos autos e a prática de atos de qualquer local, sendo uma tendência manifestada a modificação gradual da estruturação física das unidades judiciárias e da rotina dos personagens do Sistema de Justiça.[36]

---

[34] ARAÚJO, Valter Shuenquener de; GABRIEL, Anderson de Paiva; PORTO, Fábio Ribeiro. 'Juízo 100% digital' e transformação tecnológica da Justiça no século XXI. Disponível em: https://www.jota.info/opiniao-e-analise/colunas/juiz-hermes/juizo-100-digital-e-transformacao-tecnologica-da-justica-no-seculo-xxi-01112020. Acesso em: 04 dez. 2020.

[35] FUX, Luiz. Juízo 100% digital e a vocação da moderna atividade jurisdicional. *In*: FUX, Luiz; ÁVILA, Henrique; CABRAL, Trícia Navarro Xavier (Coord.). *Tecnologia e justiça multiportas*. Indaiatuba: Foco, 2021, p. 09-10.

[36] "O processo eletrônico permite sua tramitação pela rede mundial de computadores (Internet) é caracterizado pela ubiquidade, elemento pelo qual o acesso se dá a partir de indistinto ponto geográfico planetário, em qualquer tempo e simultaneamente, eis que disponível, de forma remota, pois as redes telemáticas não exigem consultas e operações in loco, o que rompe definitivamente a convenção espaço-temporal clássica da prestação jurisdicional"(PEGORARO JUNIOR, Paulo Roberto. *Processo eletrônico e a evolução disruptiva do direito processual civil*. Curitiba: Juruá, 2019, p. 142).

4.2 Do cumprimento digital de ordens judiciais

A prestação jurisdicional implica ordinariamente na cominação de ordens judiciais aos serventuários e auxiliares da justiça, às partes e terceiros, que se destinam tanto ao regular impulsionamento do processo, quanto à implementação de provimentos antecipatórios ou acautelatórios e à satisfação dos créditos insertos em títulos executivos, tal como, *v.g.*, em dispositivos do Código de Processo Civil que contemplam a requisição de informações quanto à qualificação e endereço das partes (art. 319, §1º); de elementos de prova documental (art. 438) e a transmissão de ordens de indisponibilidade e expropriação de ativos e bens (art. 854), bem como na adoção de medidas coercitivas, mandamentais e sub-rogatórias para a tutela específica de obrigações (art. 139, IV).

Assim sendo, a utilização de sistemas que virtualizam a emissão, transmissão e colheita do resultado das ordens encontra agasalho desde a Lei nº 11.382/06, que inseriu o art. 655-A no CPC de 1973, e posteriormente aprimorada pelo CPC/15,[37] que autorizou a utilização de sistema eletrônico para a requisição de informações sobre a existência de ativos em nome do executado e determinação de indisponibilidade (penhora *on-line*), sendo possível atualmente sua utilização para diversas finalidades, como indisponibilidade de ativos (Sisbajud); restrição a veículos automotores, quanto a sua transferência, licenciamento e circulação (Renajud); requisição de informações constantes dos bancos de dados da Secretaria da Receita Federal do Brasil (Infojud); informações do cadastro de eleitores (Siel); e registros civis, indisponibilidade de bens imóveis; bem como para a expedição de alvarás judiciais de levantamento de valores.[38]

Desta forma, os sistemas que implementam de maneira digital as ordens judiciais possibilitam um expressivo ganho de celeridade, visto que seu cumprimento ocorre de maneira imediata ou em curto espaço de tempo, possibilitando, ademais, a adoção de medidas sub-rogatórias, ganho de efetividade.

---

[37] FARIA, Márcio Carvalho. As zonas (ainda) cinzentas sobre a penhora on-line e uma tentativa de se encontrar algumas soluções. *Revista de Processo*, vol. 305/2020, p. 141-171, jul. 2020.

[38] TEIXEIRA, Tarcísio. *Direito digital e processo eletrônico*. 5. ed. São Paulo: Saraiva, 2020, p. 717-722.

4.3 Prática de atos processuais de maneira digital

De ordinário os atos processuais são praticados na sede do juízo ou, excepcionalmente, em local distinto em razão de deferência, interesse da justiça ou justificado obstáculo (art. 217 do CPC), sendo documentados por meio de termos ou autos lavrados sob o ditado da autoridade presidente (CPC, art. 367), operando-se a imediação nas hipóteses em que, após a audiência e debates pelas partes, a sentença é proferida em audiência, o que tem sofrido uma legítima ressignificação a partir da adoção de métodos tecnológicos como o registro audiovisual e a videoconferência.

Destaca-se que o uso da tecnologia para a prática de atos processuais como audiências e sessões de julgamento de forma remota encontra respaldo desde o advento da Lei nº 10.259/01, que, quando da disciplina das Turmas Recursais no âmbito dos Juizados Especiais Federais, possibilitou que as sessões de julgamento fossem realizadas pela via eletrônica quando os juízes tivessem domicílio em cidades diversas, sendo posteriormente incorporado no âmbito do Código de Processo Penal pela Lei nº 11.900/09 visando o interrogatório do acusado a partir do estabelecimento prisional com vistas à economia, segurança pública e salvaguarda do direito de defesa (art. 185), preservação da vítima e da higidez de seu depoimento (art. 217) e oitiva de testemunhas (art. 222, §3º), e no Código de Processo Civil de 2015, que enuncia sua utilização para a colheita de depoimento pessoal (art. 385); oitiva de testemunhas e peritos (art. 453); acareações (art. 937) e para as sessões de julgamentos de órgãos colegiados (art. 937).

A utilidade prática do instituto foi percebida ao longo do ano de 2020, quando possibilitou a diversos juízos a realização de audiências e sessões de julgamento no período de isolamento social decorrente da pandemia de coronavírus, em conformidade com o art. 2º da Resolução nº 329/2020 do Conselho Nacional de Justiça, sendo estendida posteriormente a partir das Resoluções nºs 354 e 357/2020, para situações de urgência; substituição ou designação de magistrado com sede funcional distinta da comarca; mutirões e projetos específicos; conciliação e mediação; indisponibilidade temporária do foro por calamidade pública ou força maior e realização de audiência de custódia quando impossível a realização de forma presencial no prazo de vinte e quatro horas.

Certamente o registro audiovisual dos depoimentos implica em redução no tempo de realização das audiências e acurácia quanto ao seu registro, posto que dispensa o registro via ditado pelo magistrado presidente do ato (art. 367, CPC), e propicia, conforme predição de José Carlos Barbosa Moreira[39] em clássico texto, o exame da prova oral pela instância recursal nos exatos moldes em que foi colhida, dentro de uma imediação sensorial.[40]

De outro lado, os meios tecnológicos conduzem a uma renovação na oralidade e concentração dos atos processuais, ampliando sensivelmente o espectro do contraditório, visto que ao magistrado é possibilitada a colheita da prova independente da expedição de cartas precatórias ou pedidos de cooperação judiciária, bem como oportuniza o efetivo diálogo em tempo real entre os sujeitos processuais, com o direito de participação e influência dos litigantes, a partir de uma imediação virtual.[41]

Desta forma, a utilização de videoconferência é revolucionária quanto à dinâmica da atividade instrutória, passível de realização com maior celeridade e em uma imediação e oralidade ressignificadas.

---

[39] "É curioso como a tecnologia demora a penetrar em certos setores. Parece que ignoramos a existência de fitas, nas quais se podem gravar sons. Já não quero falar no video-cassete; ou melhor, quero, sim, quero falar, porque, a despeito das muitas sombras da realidade de hoje, temos de ter alguma confiança em que no futuro se acenderão algumas luzes. Ai de nós se não fosse assim. E é de esperar-se que um dia o progresso tecnológico venha a permitir, por exemplo, que o Tribunal de Justiça, quando tiver de rejulgar uma causa para cuja apreciação seja essencial o exame de prova oral, não podendo, evidentemente, os desembargadores e os juízes de segunda instância reproduzi-la perante si (às vezes se faz isso, quando há necessidade, mas não pode ser essa a regra, por motivos óbvios), que ao menos tenham a possibilidade de assistir, numa tela da televisão, ao depoimento tomado em primeiro grau, pelo juiz que sentenciou e cuja sentença está sujeita a reexame, em grau de recurso" (MOREIRA, José Carlos Barbosa. O juiz e a prova. *Revista de Processo*, vol. 35/1984, p. 178/184, jul./set./1984).

[40] Assevera João Pereira Monteiro Neto que "Além da 'imediação virtual', as novas tecnologias permitem uma 'imediação sensorial', expressão utilizada para designar a 'gravação em imagem e em áudio' das audiências instrutórias, conforme dispõe o art. 367, §§5º e 6º, do CPC, também admitidas por vários ordenamentos jurídicos estrangeiros, como a 'Ley de Enjuiciamiento Civil' espanhola, que autoriza o registro em 'suporte apto para a gravação e a reprodução do som e da imagem' (art. 147)" (MONTEIRO NETO, João Pereira. Imediação virtual e produção da prova oral por videoconferência. *In*: LUCON, Paulo Henrique dos Santos; WOLKART, Erik Navarro; LAUX, Francisco de Mesquita; RAVAGNANI, Giovani dos Santos (Coord.). *Direito, processo e tecnologia*. São Paulo: Revista dos Tribunais, 2020, p. 433).

[41] MONTEIRO NETO, João Pereira. Imediação virtual e produção da prova oral por videoconferência. *In*: LUCON, Paulo Henrique dos Santos; WOLKART, Erik Navarro; LAUX, Francisco de Mesquita; RAVAGNANI, Giovani dos Santos (Coord.). *Direito, processo e tecnologia*. São Paulo: Revista dos Tribunais, 2020, p. 432-433.

5 Inteligência artificial e Sistema de Justiça

Certamente o tema mais polêmico em debate na doutrina, a utilização da inteligência artificial tem expressivo potencial de agitar a conformação do Sistema de Justiça, implicando, conforme assevera Dierle Nunes,[42] em uma profunda modificação das práticas jurídicas.

Esclarece Richard Susskind[43] que atualmente vista sobre um aspecto funcional, a inteligência artificial se manifesta a partir de "sistemas que realizam tarefas", estruturados em algoritmos, consistentes em sequências de instruções codificadas, é possível atualmente programar máquinas para analisar bancos de dados (*big data*) e, a partir destes, identificar padrões (*machine learning*) e realizar predições e propositura de soluções independente de nova programação ou intervenção humana (algoritmos não supervisionados), implementando atividades que outrora demandavam a inteligência humana.[44]

No âmbito da jurisdição estatal, a inteligência artificial atua como relevante ferramenta de auxílio na gestão de processos repetitivos.

Com efeito, ao passo em que o sistema de precedentes formalmente vinculantes trazido pelo Código de Processo Civil de 2015, cujo art. 926 preconiza o dever dos tribunais de uniformizar sua jurisprudência e mantê-la estável, íntegra e coerente (vinculação horizontal) e de observância ao rol de decisões vinculantes elencadas no seu art. 927 (vinculação vertical,) o acompanhamento das teses fixadas e a adequada gestão dos processos afetados é uma tarefa hercúlea, para a qual a inteligência artificial pode contribuir decisivamente, por meio da estruturação de bancos de dados, cadastro e indexação de decisões e teses fixadas, identificação da incidência do tema controvertido nos processos e a sugestão de

---

[42] NUNES, Dierle. Virada tecnológica no direito processual (da automação à transformação): seria possível adaptar o procedimento pela tecnologia? *In*: WOLKART, Erik Navarro; NUNES, Dierle; LUCON, Paulo Henrique dos Santos (Org.). *Inteligência artificial e direito processual*: os impactos da virada tecnológica no direito processual. Salvador: Juspodivm, 2020, p. 20-21.

[43] SUSSKIND, Richard. *Online courts and the future of Justice*. United Kingdom: Oxford University Press, 2019, p. 264-265.

[44] FERRARI, Isabela. O emprego de algoritmos para a tomada de decisões I – Como funcionam os algoritmos não programados? *In*: FERRARI, Isabela (Coord.). *Justiça Digital*. São Paulo: Revista dos Tribunais, 2020, p. 77-78.

minutas de decisões judiciais, de sorte a possibilitar sua adequada suspensão, bem como a aplicação da *ratio decidendi* e eventual distinção, o que propicia segurança, coerência e desestímulo à litigância contrária aos precedentes, sendo quanto a tal aspecto extremamente positivo.[45]

Nesta aplicação, vislumbram-se, conforme destacam Alexandre Morais da Rosa e Bárbara Guasque[46] os sistemas *Victor*, do Supremo Tribunal Federal e *Sócrates* do Superior Tribunal de Justiça, que dentre outras funcionalidades analisam e classificam peças recursais visando a identificação de tema de repercussão geral ou recursos repetitivos, funcionalidades semelhantes às do *Radar* do Tribunal de Justiça de Minas Gerais e o *Sinapse* do Tribunal de Justiça de Rondônia.

De outro lado, a inteligência artificial proporciona a automação de ordens de indisponibilidade de bens e valores com desempenho superior à atuação humana, com ganho de efetividade e celeridade nos processos de execução, como se verifica nos sistemas *Victória* do Tribunal de Justiça do Rio de Janeiro e *Elis* do Tribunal de Justiça de Pernambuco.

Já no âmbito dos métodos de autocomposição dos litígios, a inteligência artificial tende a favorecer a aquisição de informações idôneas de forma a prospecção quanto à viabilidade e justeza de eventual composição.

Com efeito, por meio do mapeamento das normas legais, regulamentares e até convenções internacionais das quais o Brasil seja signatário, bem como da profusão do conhecimento quanto às teses firmadas em precedentes e de sua adesão ao conflito concreto, possibilita-se ao leigo usuário do *On-line Dispute Resolution* um diagnóstico personalizado quanto aos direitos, deveres e chances de êxito em demanda judicial e do parâmetro adotado pelo Judiciário para casos semelhantes, eliminando a assimetria de informação, o que conduz tendencialmente à formulação e adesão a propostas de

---

[45] CABRAL, Antonio do Passo. *In*: LUCON, Paulo Henrique dos Santos; WOLKART, Erik Navarro; LAUX, Francisco de Mesquita; RAVAGNANI, Giovani dos Santos (Coord.). *Direito, processo e tecnologia*. São Paulo: Revista dos Tribunais, 2020, p. 86-88.

[46] ROSA, Alexandre Morais da; GUASQUE, Bárbara. O avanço da disrupção nos tribunais brasileiros. *In*: WOLKART, Erik Navarro; NUNES, Dierle; LUCON, Paulo Henrique dos Santos (Org.). *Inteligência artificial e direito processual*: os impactos da virada tecnológica no direito processual. Salvador: Juspodivm, 2020, p. 65-80

composição razoáveis e diminuição de posturas anticooperativas ou especulatórias.

Contudo, malgrado suas relevantes contribuições para o aprimoramento do Sistema de Justiça, adverte Ricardo Dalmaso Marques[47] que a utilização da inteligência artificial apresenta riscos de enviesamento, quando o algoritmo adota premissas incorretas, proliferando padrões deturpados e eivados de preconceito nas predições realizadas dentro do *deep learning*.

Assim, conforme alerta Paulo Henrique dos Santos Lucon,[48] sob pena de ofensa aos direitos fundamentais, a implementação da inteligência artificial deve ser acompanhada de medidas que assegurem a transparência algorítmica e *accountability*, sendo tal abarcada pela Resolução nº 332 do Conselho Nacional de Justiça, que traçou diretrizes como respeito aos direitos fundamentais; a não discriminação; publicidade, transparência; controle do usuário e segurança.

Tais postulados devem direcionar a implementação ética dos programas que utilizem a inteligência artificial e justificar a busca constante por sua transparência e controle, com a inafastável necessidade de validação de atos decisórios de maneira fundamentada.

Desta forma, ao passo em que o avanço da tecnologia e das possibilidades de utilização da inteligência artificial no Sistema de Justiça são imprevisíveis, os postulados em epígrafe servem como diretrizes para obstar que este se desvirtue de seu caráter de acolhimento, imparcialidade e respeito aos direitos e garantias fundamentais.

6 Conclusão

Este breve estudo demonstrou que a sociedade digital reclama um Sistema de Justiça mais célere e abrangente de forma a proporcionar o tratamento adequado a cada litígio específico e assegurar aos indivíduos o acesso à justiça, visto em sua amplitude,

---

[47] MARQUES, Ricardo Dalmaso. Inteligência artificial e direito: o uso da tecnologia na gestão do processo no sistema brasileiro de precedentes. *Revista de Direito e as Novas Tecnologias*, vol. 03/2019, abr./jun./2019.
[48] LUCON, Paulo Henrique dos Santos. Processo virtual e *accountability*. In: LUCON, Paulo Henrique dos Santos; WOLKART, Erik Navarro; LAUX, Francisco de Mesquita; RAVAGNANI, Giovani dos Santos (Coord.). *Direito, processo e tecnologia*. São Paulo: Revista dos Tribunais, 2020, p. 459-461.

tanto por meios autocompositivos através da conciliação, mediação e negociação, quanto pela jurisdição estatal ou arbitral, que convivem em harmonia e interoperabilidade.

Verificou-se que a tecnologia guarda papel fundamental na busca de tal desiderato e se manifesta, ainda que em velocidades diferentes, nos meios auto e heterocompositivos com gestão estatal e privada, revolucionando rotinas tradicionais em suas atividades, de forma que as comunicações assíncronas proporcionadas pelos meios eletrônicos e a videoconferência utilizada para a prática dos atos processuais e de autocomposição, ampliam o acesso e diálogo entre os sujeitos, renovando postulados essenciais como a imediação e a oralidade processual.

Vislumbrou-se que a inteligência artificial tem aptidão de impulsionar tal revolução, mas reclama preocupações com a ética a transparência das predições realizadas pelos algoritmos em busca de respeito aos direitos fundamentais, não discriminação, publicidade, transparência, qualidade, governança e segurança.

Portanto, mais que otimizar o funcionamento do Sistema de Justiça por meio da automação de suas rotinas, em um mundo hiperconectado, a tecnologia tem o potencial de ressignificar o acesso dos indivíduos à adequada informação quanto aos seus direitos e deveres e à solução justa, efetiva e economicamente viável para os conflitos que lhe afligem ao longo da vida em sociedade, cabendo ao direito o estabelecimento de contornos que obstem tal intuito e, aos seus operadores, a adaptação quanto às mudanças na dinâmica do foro e ao seu papel de contribuição para o alcance de tal finalidade.

Referências

ABRÃO, Carlos Henrique. *Processo Eletrônico:* processo digital. 5. ed. São Paulo: Atlas, 2017.

ARAÚJO, Valter Shuenquener de; GABRIEL, Anderson de Paiva; PORTO, Fábio Ribeiro. *'Juízo 100% digital' e transformação tecnológica da Justiça no século XXI*. Disponível em: https://www.jota.info/opiniao-e-analise/colunas/juiz-hermes/juizo-100-digital-e-transformacao-tecnologica-da-justica-no-seculo-xxi-01112020. Acesso em: 04 dez. 2020.

BECKER, Daniel; FEILGELSON, Bruno. Acesso à justiça para além de Cappelletti e Garth: a resolução de disputas na era digital e o papel dos métodos online de resolução de conflitos (ODR) na mitigação da crise de justiça no Brasil. *In*: LUCON, Paulo Henrique dos Santos; WOLKART, Erik Navarro; LAUX, Francisco de Mesquita; RAVAGNANI, Giovani dos Santos (Coord.). *Direito, processo e tecnologia*. São Paulo: Revista dos Tribunais, 2020.

BRASIL. Conselho Nacional de Justiça. Presidência. *Resolução nº 125, de 29 de novembro de 2010*. Dispõe sobre a Política Judiciária Nacional de tratamento adequado dos conflitos de interesses no âmbito do Poder Judiciário e dá outras providências. Brasília, DF.

BRASIL. Conselho Nacional de Justiça. Presidência. *Resolução nº 185 de 18 de dezembro de 2013*. Institui o Sistema Processo Judicial Eletrônico – Pje como sistema de processamento de informações e prática de atos processuais e estabelece os parâmetros para sua implementação e funcionamento. Brasília, DF.

BRASIL. Conselho Nacional de Justiça. Presidência. *Resolução nº 332, de 21 de agosto de 2020*. Dispõe sobre a ética, a transparência e a governança na produção e no uso de Inteligência Artificial no Poder Judiciário e dá outras providências. Brasília, DF.

BRASIL. Conselho Nacional de Justiça. Presidência. *Resolução nº 335 de 29 de setembro de 2020*. Institui política pública para a governança e a gestão de processo judicial eletrônico. Integra os tribunais do país com a criação da Plataforma Digital do Poder Judiciário Brasileiro – PDPJ-Br. Mantém o sistema PJE como sistema de Processo Eletrônico prioritário do Conselho Nacional de Justiça. Brasília, DF.

BRASIL. Conselho Nacional de Justiça. Presidência. *Resolução nº 344 de 09 de setembro de 2020*. Dispõe sobre o "Juízo 100% Digital" e dá outras providências. Brasília, DF.

BRASIL. Conselho Nacional de Justiça. Presidência. *Resolução nº 354 de 19 de novembro de 2020*. Dispõe sobre o cumprimento digital de ato processual e de ordem judicial e dá outras providências. Brasília, DF.

BRASIL. Conselho Nacional de Justiça. Presidência. *Resolução nº 358 de 02 de dezembro de 2020*. Regulamenta a criação de soluções tecnológicas para a resolução de conflitos pelo Poder Judiciário por meio da conciliação e mediação. Brasília, DF.

BRASIL. *Constituição da República Federativa do Brasil de 1988*. Brasília, DF: Presidência da República, 2020.

BRASIL. *Decreto-Lei nº 3.689, de 03 de outubro de 1941*. Código de Processo Penal. Brasília, DF. Presidência da República.

BRASIL. *Lei nº 10.259, de 12 de julho de 2001*. Dispõe sobre a instituição dos Juizados Especiais Cíveis e Criminais no âmbito da Justiça Federal. Brasília, DF. Presidência da República.

BRASIL. *Lei nº 11.382, de 06 de dezembro de 2006*. Altera dispositivos da Lei nº 5.869, de 11 de janeiro de 1973 – Código de Processo Civil, relativos ao processo de execução e a outros assuntos. Brasília, DF. Presidência da República.

BRASIL. *Lei nº 11.419, de 19 de dezembro de 2006*. Dispõe sobre a informatização do processo judicial; altera a Lei nº 5.869, de 11 de janeiro de 1973 – Código de Processo Civil; e dá outras providências.

BRASIL. *Lei nº 13.105, de 16 de março de 2015*. Institui o Código de Processo Civil. Brasília, DF. Presidência da República.

BRASIL. *Lei nº 13.140, de 26 de junho de 2015*. Dispõe sobre a mediação entre particulares como meio de solução de controvérsias e sobre a autocomposição de conflitos no âmbito da administração pública; altera a Lei nº 9.469, de 10 de março de 1972; e revoga o §2º do art. 6º da Lei nº 9.469, de do de julho de 1997.

BRASIL. *Lei nº 5.869, de 11 de janeiro de 1973*. Institui o Código de Processo Civil. Brasília, DF. Presidência da República.

BRASIL. *Lei nº 9.307, de 23 de setembro de 1996.* Dispõe sobre arbitragem. Brasília, DF. Presidência da República.

BRASIL. *Lei nº 9.800, de 26 de maio de 1999.* Permite às partes a utilização de sistema de transmissão de dados para a prática de atos processuais. Brasília, DF. Presidência da República.

BRASIL. Supremo Tribunal Federal. *Recurso Extraordinário 631.240/MG.* Plenário. Rel. Min. Roberto Barroso. Julgado em 03.09.2014.

BRASIL. Supremo Tribunal Federal. *Recurso Extraordinário 839.314/MA.* Plenário. Rel. Min. Luiz Fux. Julgado em 10.10.2014.

CABRAL, Antonio do Passo. Processo e tecnologia: novas tendências. *In*: LUCON, Paulo Henrique dos Santos; WOLKART, Erik Navarro; LAUX, Francisco de Mesquita; RAVAGNANI, Giovani dos Santos (Coord.). *Direito, processo e tecnologia.* São Paulo: Revista dos Tribunais, 2020.

CABRAL, Trícia Navarro Xavier. *Limites da liberdade processual.* Indaiatuba: Foco, 2019.

CABRAL, Trícia Navarro Xavier. Presente e futuro da mediação: desafios e perspectivas para os próximos 10 anos. *In*: LUCON, Paulo Henrique de; FARIA, Juliana Cordeiro; MARX NETO, Edgard Audomar (Org.). *Processo civil contemporâneo* – Homenagem aos 80 anos do professor Humberto Theodoro Júnior. Rio de Janeiro: Forense, 2018.

CADIET, Loïc. *Perspectivas sobre o sistema da justiça civil francesa:* seis lições brasileiras. Tradução: Daniel Mitidiero; Bibiana Gava Toscano de Oliveira; Luciana Robles de Almeida e Rodrigo Lomando. São Paulo: Revista dos Tribunais, 2017.

CAHALI, Francisco José; TEODORO, Viviane Rosolia. A resolução de litígios online e a União Europeia em contraste com a arbitragem nos contratos de consumo no Brasil. *Revista de Direito do Consumidor*, vol. 131/2020, p. 385-415, set.-out./2020.

CAPELLETTI, Mauro; GARTH, Bryan. *Acesso à justiça.* Tradução: Ellen Gracie Northfleet. Porto Alegre: Sergio Fabris, 1988.

COSTA, Susana Henriques da; FRANCISCO, João Eberhardt. Acesso à justiça e a obrigatoriedade da utilização dos mecanismos de *Online Dispute Resolution*: estudo da plataforma consumidor.gov.br. *In*: LUCON, Paulo Henrique dos Santos; WOLKART, Erik Navarro; LAUX, Francisco de Mesquita; RAVAGNANI, Giovani dos Santos (Coord.). *Direito, processo e tecnologia.* São Paulo: Revista dos Tribunais, 2020.

COUTINHO, Carlos Marden Cabral; CARMO, Gabriela Martins. Processo eletrônico no novo processo civil: limites e possibilidades democráticas. *Revista de Processo*, vol. 284/2018, p. 21-38, out./2018.

CUNHA, Leonardo Carneiro. Comentários ao art. 1º. *In*: CABRAL, Trícia Navarro Xavier; CURY, Cesar Felipe (Coord.). *Lei de mediação comentada artigo por artigo.* 2. ed. Indaiatuba: Foco, 2020.

DEBS, Martha El; DEBS, Renata El; SILVEIRA, Thiago. *Sistema multiportas* – A mediação e a conciliação nos cartórios como instrumento de pacificação social e dignidade humana. Salvador: Juspodivm, 2020.

DIDIER JR., Fredie; ZANETI JR., Hermes. Justiça multiportas e tutela adequada em litígios complexos: autocomposição e os direitos coletivos. *In*: ZANETI JR., Hermes; CABRAL, Trícia Navarro Xavier (Coord.). *Justiça multiportas:* mediação, conciliação, arbitragem e outros meios adequados de solução de conflitos. 2. ed. Salvador: Juspodivm, 2018.

DINAMARCO, Cândido Rangel; BADARÓ, Gustavo Henrique Righi Ivahy; LOPES, Bruno Vasconcelos Carrilho. *Teoria geral do processo*. 32. ed. São Paulo: Malheiros, 2020.

FARIA, Márcio Carvalho. As zonas (ainda) cinzentas sobre a penhora *on-line* e uma tentativa de se encontrar algumas soluções. *Revista de Processo*, vol. 305/2020, p. 141-171, jul. 2020.

FERRARI, Isabela. Cortes Online I: introdução às Cortes Online. *In*: FERRARI, Isabela. (Coord.). *Justiça Digital*. São Paulo: Revista dos Tribunais, 2020.

FERRARI, Isabela. O emprego de algoritmos para a tomada de decisões I – Como funcionam os algoritmos não programados? *In*: FERRARI, Isabela (Coord.). *Justiça Digital*. São Paulo: Revista dos Tribunais, 2020.

FONTES, Marcos Rolim Fernandes. Arbitragem online: o sistema de resolução de disputas sobre nomes de domínio da ICAAN – Vícios e virtudes. *Revista de Arbitragem e Mediação*, vol. 04/2005, p. 62-81, jan./mar./2005.

FUX, Luiz. Juízo 100% digital e a vocação da moderna atividade jurisdicional. *In*: FUX, Luiz; ÁVILA, Henrique; CABRAL, Trícia Navarro Xavier (Coord.). *Tecnologia e justiça multiportas*. Indaiatuba: Foco, 2021.

GORETTI, Ricardo. *Gestão adequada de conflitos*: do diagnóstico à escolha para cada caso concreto. Salvador: Juspodivm, 2019.

JUNQUILHO, Tainá Aguiar. Resolução online de conflitos: limites, eficácia e panorama de aplicação no Brasil. *In*: NUNES, Dierle; LUCON, Paulo Henrique dos Santos; WOLKART, Erik Navarro (Org.). *Inteligência artificial e direito processual*: os impactos da virada tecnológica no direito processual. Salvador: Juspodivm, 2020.

LUCON, Paulo Henrique dos Santos. Processo virtual e *accountability*. *In*: LUCON, Paulo Henrique dos Santos; WOLKART, Erik Navarro; LAUX, Francisco de Mesquita; RAVAGNANI, Giovani dos Santos (Coord.). *Direito, processo e tecnologia*. São Paulo: Revista dos Tribunais, 2020.

MARCACINI, Augusto Tavares Rosa. Comentários ao art. 192. *In*: WAMBIER, Teresa Arruda Alvim; DIDIER JR., Fredie; TALAMINI, Eduardo; DANTAS, Bruno (Coord.). *Breves comentários ao novo código de processo civil*. 3. ed. São Paulo: Revista dos Tribunais, 2016.

MARQUES, Ricardo Dalmaso. Inteligência artificial e direito: o uso da tecnologia na gestão do processo no sistema brasileiro de precedentes. *Revista de Direito e as Novas Tecnologias*, vol. 03/2019, abr./jun./2019.

MARTINS, Carolina Azevedo. A justiça multiportas e os meios adequados de solução de controvérsias: além do óbvio. *Revista de Processo*, vol. 279/2019, p. 399-417, nov./2019.

MONTEIRO NETO, João Pereira. Imediação virtual e produção da prova oral por videoconferência. *In*: LUCON, Paulo Henrique dos Santos; WOLKART, Erik Navarro; LAUX, Francisco de Mesquita; RAVAGNANI, Giovani dos Santos (Coord.). *Direito, processo e tecnologia*. São Paulo: Revista dos Tribunais, 2020.

MOREIRA, José Carlos Barbosa. O juiz e a prova. *Revista de Processo*, vol. 35/1984, p. 178/184, jul./set./1984.

NUNES, Dierle. Virada tecnológica no direito processual (da automação à transformação): seria possível adaptar o procedimento pela tecnologia? *In*: WOLKART, Erik Navarro; NUNES, Dierle; LUCON, Paulo Henrique dos Santos (Org.). *Inteligência artificial e direito processual*: os impactos da virada tecnológica no direito processual. Salvador: Juspodivm, 2020.

PARO, Giácomo; Marques, Ricardo Dalmaso; DUARTE, Ricardo Quass. On-line Dispute Resolution (ODR) e o interesse processual. *In*: LUCON, Paulo Henrique dos Santos; WOLKART, Erik Navarro; LAUX, Francisco de Mesquita; RAVAGNANI, Giovani dos Santos (Coord.). *Direito, processo e tecnologia*. São Paulo: Revista dos Tribunais, 2020.

PEGORARO JUNIOR, Paulo Roberto. *Processo eletrônico e a evolução disruptiva do direito processual civil*. Curitiba: Juruá, 2019.

PEREIRA, Luiz Fernando Casagrande; SCHINEMANN, Caio César Bueno. On-line dispute resolution no processo civil brasileiro: o caso das plataformas de indenização contra companhias aéreas. *In*: LUCON, Paulo Henrique dos Santos; WOLKART, Erik Navarro; LAUX, Francisco de Mesquita. RAVAGNANI, Giovani dos Santos (Coord.). *Direito, processo e tecnologia*. São Paulo: Revista dos Tribunais, 2020.

PINHO, Humberto Dalla Bernardina. Mediação online em tempos de virtualização forçada. *In*: FUX, Luiz; ÁVILA, Henrique; CABRAL, Trícia Navarro Xavier (Coord.). *Tecnologia e justiça multiportas*. Indaiatuba: Foco, 2021, p. 450-453.

RAATZ, Igor. *Autonomia privada e processo*. 2. ed. Salvador: Juspodivm, 2019.

ROSA, Alexandre Morais da; GUASQUE, Bárbara. O avanço da disrupção nos tribunais brasileiros. *In*: NUNES, Dierle; LUCON, Paulo Henrique dos Santos; WOLKART, Erik Navarro (Org.). *Inteligência artificial e direito processual*: os impactos da virada tecnológica no direito processual. Salvador: Juspodivm, 2020.

SCAVONE JÚNIOR, Luiz Antonio. *Manual de arbitragem: mediação e conciliação*. 8. ed. Rio de Janeiro: Forense, 2018.

SOARES, Erika Zanon. Conciliação e o código de processo civil. *In*: NUNES, Ana (Coord.). *Mediação e conciliação*: teoria e prática. São Paulo: Revista dos Tribunais, 2018.

SUSSKIND, Richard. *Online courts and the future of Justice*. United Kingdon: Oxford University Press, 2019.

TEIXEIRA, Tarcísio. *Direito digital e processo eletrônico*. 5. ed. São Paulo: Saraiva, 2020.

WATANABE, Kazuo. Estratégias para a solução pacífica de conflitos de interesses. *In*: CURY, Augusto (Org.). *Soluções pacíficas de conflitos para um Brasil moderno*. Rio de Janeiro: Forense, 2019.

WOLKART, Erik Navarro. *Análise econômica do processo civil*: como a economia, o direito e a psicologia podem vencer a tragédia da justiça. São Paulo: Revista dos Tribunais, 2019.

Informação bibliográfica deste texto, conforme a NBR 6023:2018 da Associação Brasileira de Normas Técnicas (ABNT):

CARVALHO, Frederico Ivens Miná Arruda de; CARVALHO, Tatiana Freitas de Almeida Ivens de. Virtualização dos métodos auto e heterocompositivos para solução dos conflitos. *In*: BUFULIN, Augusto Passamani (Coord.). *Questões atuais de Direito Público*. Belo Horizonte: Fórum, 2022. p. 17-41. ISBN 978-65-5518-302-3.

A UTILIZAÇÃO DAS NOVAS TECNOLOGIAS A FAVOR DA CELERIDADE E DA EFETIVIDADE DOS PROCESSOS EXECUTIVOS FISCAIS

MANOEL ALVES RABELO
FERNANDA MONTALVÃO DA VITÓRIA
LUCIANO RABELO BRAGATTO

1 Introdução

O problema do abarrotamento do Judiciário com o crescente inchaço dos processos executivos fiscais não é novidade para os estudiosos da área, despertando constantes manifestações acerca da temática e levantamentos de possíveis mudanças com a finalidade de se alcançar a almejada celeridade combinada à efetividade processual.

A corroborar, a partir do relatório "Justiça em Números", publicado anualmente pelo CNJ, nota-se que, desde o ano de 2016 até o ano de 2019, os métodos utilizados pelo Judiciário não resultaram em mudanças significativas na taxa de congestionamento dos processos de execução fiscal.

O relatório de 2017,[1] que faz referência ao ano-base de 2016, evidenciou taxa de congestionamento de 91% nos processos de execução fiscal, isso significa que, a cada 100 processos que tramitaram no referido ano, apenas nove foram baixados, representando aproximadamente 38% do total de casos pendentes no Poder Judiciário.

Em relação ao relatório produzido em 2018,[2] com ano-base de 2017, percebe-se aumento na taxa de congestionamento dos

---

[1] CONSELHO NACIONAL DE JUSTIÇA – CNJ. *Justiça em Números 2017*. Brasilia, 2017. Disponível em: https://www.cnj.jus.br/wp-content/uploads/2019/08/b60a659e5d5cb79337945c1dd137496c.pdf. Acesso em: 28 dez. 2020.

[2] CONSELHO NACIONAL DE JUSTIÇA – CNJ. *Justiça em Números 2018*. Brasília 2018. Disponível em: https://www.cnj.jus.br/wp-content/uploads/2011/02/8d9faee7812d35a58cee3d92d2df2f25.pdf Acesso em: 28 dez. 2020.

processos executivos fiscais para 92%, passando a representar aproximadamente 39% do total de casos pendentes no Judiciário.

Por outro lado, analisando o relatório de 2019,[3] ano base de 2018, observa-se pequena melhora na taxa de congestionamento dos processos de execução fiscal, sinalizando redução da taxa para 90%. Entretanto, os processos executivos fiscais continuaram a representar aproximadamente 39% do total de casos pendentes na Justiça brasileira.

Adentrando-se ao relatório do ano de 2020,[4] que utiliza como ano-base o ano de 2019, verifica-se taxa de congestionamento de 87% nos processos de execução fiscal, representando 39% do total de casos pendentes e 70% das execuções pendentes no Poder Judiciário, sendo de 08 (oito) anos o tempo médio de tramitação desses processos, tudo de acordo com o relatório citado.

Com base nesses dados, nota-se que, desde o ano de 2016, primeiro ano de vigência do Código de Processo Civil de 2015, não houve redução linear ou significativa na taxa de congestionamento dos processos executivos fiscais, o que vem levantando significativas discussões acerca da inserção de novas tecnologias a serviço da recuperação de créditos fiscais através de um processo eficiente, célere e efetivo.

Assim, tendo em vista a problemática do prolongamento da tramitação das execuções fiscais somadas a ineficiência da prestação jurisdicional, o presente artigo tem como objetivo identificar e estudar os impactos das novas tecnologias aplicadas aos processos executivos fiscais.

2 O sistema Bacen Jud como instrumento tecnológico a serviço do Judiciário

De acordo com informações do Banco Central do Brasil, "o Bacen Jud foi o sistema de comunicação eletrônica entre o Poder

---

[3] CONSELHO NACIONAL DE JUSTIÇA – CNJ. *Justiça em Números 2019*. Brasília 2019. Disponível em: https://www.cnj.jus.br/wp-content/uploads/conteudo/arquivo/2019/08/justica_em_numeros20190919.pdf. Acesso em: 28 dez. 2020.

[4] CONSELHO NACIONAL DE JUSTIÇA – CNJ. *Justiça em Números 2020*. Brasília, 2020. Disponível em: https://www.cnj.jus.br/wp-content/uploads/2020/08/WEB-V3-Justiça-em-Números-2020-atualizado-em-25-08-2020.pdf. Acesso em: 28 dez. 2020.

Judiciário, instituições financeiras e demais entidades autorizadas a funcionar pelo BC, até 4/9/2020".[5] Em 08/09/2020, o referido sistema cedeu lugar ao SISBAJUD – Sistema de Busca de Ativos do Poder Judiciário, operado pelo CNJ – Conselho Nacional de Justiça.

Até setembro do corrente ano, estava em vigência o sistema Bacen Jud, utilizado pelo Judiciário com intermediação técnica pelo Banco Central do Brasil, registrando ordens judiciais a serem cumpridas pelas instituições financeiras, sendo possível o registro e cumprimento de ordens de bloqueio de valor até o limite das importâncias especificadas nos saldos existentes em contas de depósitos à vista (conta corrente), de investimentos e de poupança, depósitos e a prazo, bem como o desbloqueio e/ou transferência de valor específico.[6]

Conforme cartilha eletrônica disponibilizada pelo Supremo Tribunal Federal,[7] o Bacen Jud foi implementado em três fases, que tratam das melhorias realizadas pelo Banco Central quando da implementação do Bacen Jud 1.0 em 2001. Tais melhorias se revelaram necessárias após a utilização do sistema e a verificação das reais necessidades do Judiciário, vindo a ser desenvolvido o sistema Bacen Jud 2.0 com aplicativo que melhorasse a funcionalidade do sistema.[8]

Dentre as melhorias realizadas, cabe citar a implementação da automação da transferência, com funcionalidade específica para as dívidas tributárias. No entanto, conforme ressalta Márcio Clemente Lima de Barros e Silva Filho[9] em sua dissertação de mestrado, apesar do sistema representar a celeridade e a efetividade nas execuções

---

[5] BANCO CENTRAL DO BRASIL. *Bacen Jud*. Disponível em: https://www.bcb.gov.br/acessoinformacao/bacenjud. Acesso em: 20 dez. 2020.
[6] BRASIL. *Regulamento Bacen Jud 2.0*. Disponível em: https://www.bcb.gov.br/content/acessoinformacao/Documents/bacenjud/regulamentos/Regulamento-BACENJUD-02abr18.pdf. Acesso em: 20 dez. 2020.
[7] BRASIL. Supremo Tribunal Federal. *Repositório Digital*. Disponível em: https://www.stf.jus.br/repositorio/cms/portalStfInternacional/portalStfCooperacao_pt_br/anexo/INFOJUD__RENAJUD__BACENJUD_Magistrados_do_BRIC.pdf. Acesso em: 21 dez. 2020.
[8] MEDINA, José Miguel Garcia de; PAGLIARINI, Iliane Rosa. Crise no cumprimento do contrato e a penhora *on-line*. *Revista de Processo*. vol. 173/2009. p. 9-32. Jul./2009.
[9] SILVA FILHO, Márcio Clemente Lima de Barros e. *Bacen Jud na execução fiscal federal*: uma análise dogmática acerca da possibilidade de bloqueio de ativos financeiros antes da tentativa de citação do devedor. Dissertação (Mestrado) – Universidade Católica de Pernambuco. Programa de Pós-Graduação em Direito. Mestrado em Direito, 2019.

fiscais, apenas 15,7% das penhoras realizadas nos processos executivos fiscais movidos pela Procuradoria da Fazenda Nacional são concretizadas, sendo ínfima a probabilidade de recuperação do crédito, citando o Comunicado nº 127 do Instituto de Pesquisa Econômica Aplicada (IPEA).

A irrisória porcentagem de penhoras realizadas no âmbito das execuções fiscais não olvida o esvaziamento das contas bancárias quando da citação do devedor, inviabilizando o bloqueio de ativos financeiros. Por outro lado, não se pode perder de vista a impossibilidade de penhora de ativos previamente a citação do executado, mantendo-se incólume o princípio do devido processo legal.[10]

Embora o Bacen Jud tenha se revelado um sistema de grande relevância na busca da efetividade dos processos executivos, o congestionamento do Judiciário com processos executivos fiscais perdura através dos anos, tornando-se necessário inovar os mecanismos disponíveis à recuperação de crédito no âmbito do Poder Judiciário, buscando-se meios de evitar a dilapidação prévia do patrimônio, bem como modernizar os mecanismos de penhora, o que evidencia a superação do sistema Bacen Jud frente as novas tecnologias.

Pensando nisso, o Conselho Nacional de Justiça informou a criação do Sistema de Busca de Ativos do Poder Judiciário – SISBAJUD, resultado do Acordo de Cooperação Técnica firmado em dezembro de 2019 entre o CNJ, Banco Central e a Procuradoria da Fazenda Nacional – PGFN, com a finalidade de alcançar o preceito constitucional da duração razoável do processo, bem como a eficiência e segurança da prestação jurisdicional:

> [...] Visando cumprir os comandos constitucionais de razoabilidade duração do processo e eficiência da prestação jurisdicional, bem como reduzir os riscos na tramitação física de documentos contendo informações sigilosas, foi desenvolvido o Sistema de Busca de Ativos do Poder Judiciário – SISBAJUD.
> O principal objetivo do desenvolvimento do novo sistema foi a necessidade de renovação tecnológica da ferramenta, para permitir

---

[10] SILVA FILHO, Márcio Clemente Lima de Barros e. *Bacen Jud na execução fiscal federal*: uma análise dogmática acerca da possibilidade de bloqueio de ativos financeiros antes da tentativa de citação do devedor. Dissertação (Mestrado) – Universidade Católica de Pernambuco. Programa de Pós-graduação em Direito. Mestrado em Direito, 2019.

> inclusão de novas e importantes funcionalidades, o que já não era possível com o Bacenjud, tendo em vista a natureza defasada das tecnologias nas quais foi originalmente escrito.
> Além do envio eletrônico de ordens de bloqueio e requisições de informações básicas de cadastro e saldo, já permitidos pelo Bacenjud, o novo sistema permitirá requisitar informações detalhadas sobre extratos em conta corrente no formato esperado pelo sistema SIMBA do Ministério Público Federal, e os juízes poderão emitir ordens solicitando das instituições financeiras informações dos devedores tais como: cópia dos contratos de abertura de conta corrente e de conta de investimento, fatura do cartão de crédito, contratos de câmbio, cópias de cheques, além de extratos do PIS e do FGTS. Podem ser bloqueados tanto valores em conta corrente, como ativos mobiliários como títulos de renda fixa e ações.
> Com a arquitetura de sistema mais moderna, em breve será liberada no SISBAJUD a reiteração automática de ordens de bloqueio (conhecida como 'teimosinha'), e a partir da emissão da ordem de penhora on-line de valores, o magistrado poderá registrar a quantidade de vezes que a mesma ordem terá que ser reiterada no SISBAJUD até o bloqueio do valor necessário para o seu total cumprimento. Esse novo procedimento eliminará a emissão sucessiva de novas ordens da penhora eletrônica relativa a uma mesma decisão, como é feito atualmente no Bacenjud. [...].[11]

Ainda, o CNJ prometeu que em breve integrará o novo sistema ao Processo Judicial Eletrônico – PJE, trazendo a automatização do envio das ordens judiciais e da análise das respostas enviadas pelas instituições financeiras, almejando a redução dos prazos de tramitação dos processos e a efetividade das decisões judiciais.

Conquanto seja louvável a inovação do sistema de comunicação entre o Poder Judiciário e o Banco Central, outros meios tecnológicos revelam potencial mecanismo de celeridade e efetivação das execuções fiscais, haja vista que, mesmo que evidente a relevância da penhora, ela não é o único elemento a determinar a celeridade e a efetividade do processo executivo que é composto por etapas.

Dito isso, passaremos a analisar a possibilidade de implementação de novas tecnologias com potencial contribuição à efetividade do processo executivo fiscal.

---

[11] CONSELHO NACIONAL DE JUSTIÇA – CNJ. *SISBAJUD*. Brasília, 2020. Disponível em: https://www.cnj.jus.br/sistemas/sisbajud/. Acesso em: 28 dez. 2020.

3 Das novas tecnologias e seu papel como ferramentas eficientes na recuperação de crédito

Antes de versar sobre qualquer assunto, torna-se necessário expor as etapas que constituem o processo de execução fiscal, sendo estas: a *petição inicial*, que dá início ao processo, devendo ser instruída com a certidão de dívida ativa, o pedido e o requerimento para a citação; a *citação e penhora*, após citado, o executado possui o prazo de 5 dias para quitar a dívida, acrescida de juros e multa, caso não ocorra o pagamento, nem seja garantida a execução, o direito de penhora recai sobre qualquer um dos bens do executado; os *embargos do executado*, no qual este alegará tudo que for útil a sua defesa (respeitando o direito a ampla defesa e contraditório); a *expropriação dos bens*, caso a execução não seja embargada, após ser ouvida a Fazenda Pública, ocorre a expropriação dos bens do executado, não é necessário que seja proferida a sentença para que essa etapa ocorra; a *arrematação e adjudicação*, após a expropriação, os bens são disponibilizados para compra, sendo a alienação dos bens sempre realizada por meio de leilão público.

No tópico seguinte serão expostas sugestões de plataformas e sistemas baseados em algoritmos, que automatizam e padronizam determinadas etapas do processo de execução fiscal, provendo assim maior celeridade ao trâmite desses processos.

3.1 Plataformas algorítmicas

Expostas as etapas que configuram os processos de execução fiscal, serão demonstradas abaixo, sugestões, feitas por Dierle Nunes e Tatiane Costa de Andrade,[12] de plataformas algorítmicas que buscam trazer maior celeridade a algumas dessas etapas.

---

[12] NUNES, Dierle; ANDRADE, Tatiane de. Tecnologia a serviço da efetividade na execução: uma alternativa aos dilemas do art. 139, IV, CPC. Iniciando a discussão. *Revista de Processo*, vol. 303/2020, p. 339-361, Jun./2020.

3.1.1 Programa para oferta de memória de cálculo padrão

Esta primeira plataforma teria como base um algoritmo que ofertaria uma memória de cálculo padrão, aplicando critérios de cálculo pacificados como legítimos levando em conta as características da condenação. Vale ressaltar ainda que, o algoritmo seria treinado, através do método de *machine learning*, para que, através da utilização de critérios normativos, presentes no art. 524, *caput*, CPC e jurisprudenciais (referentes a correção monetária aplicável, início da incidência de juros de mora, possibilidade de capitalização de juros a depender da modalidade de cobrança, etc.).

A aplicação do algoritmo em questão traria padronização e previsibilidade aos demonstrativos de cálculo, o que extinguiria as discussões intraprocessuais referentes aos valores expostos nos demonstrativos de cálculo da parte exequente (e as peças produzidas por ambas as partes, frutos dessas discussões), um dos principais gargalos responsáveis pelo grande congestionamento presente nas execuções fiscais. Como consequência, este algoritmo seria responsável por uma grande economia de tempo e orçamento na fase referente aos *embargos da executada* nos processos de execução fiscal.

3.1.2 Algoritmo para criação de um Sistema Nacional Integrado de Bens (SNIB)

A ideia de se criar, por meio de um algoritmo, um Sistema Nacional Integrado de Bens, que, no início da atividade executiva, facilitasse a verificação do conjunto patrimonial do executado, não é nova, percebe-se isso ao se analisar o Projeto de Lei nº 5.080/2009,[13] de autoria do Poder Executivo, que se encontra atualmente em tramitação na Câmara dos Deputados.

---

[13] CONGRESSO NACIONAL. *Projeto de Lei nº 5.080/2009*. Brasília, 20 abril 2009. Disponível em: https://www.camara.leg.br/proposicoesWeb/prop_mostrarintegra;jsessionid=node0c2xcqyn u05vz14xeugsjd5j8f9466497.node0?codteor=648721&filename=PL+5080/2009. Acesso em: 28 dez. 2020.

Dentre seus diversos artigos, o PL nº 5.080/2009, em seu art. 4º, expõe:

> Art. 4º Concluída a inscrição em dívida ativa, será realizada investigação patrimonial dos devedores inscritos por parte da Procuradoria-Geral da Fazenda Nacional, da Procuradoria-Geral Federal, da Procuradoria-Geral do Banco Central do Brasil e pelos órgãos correspondentes dos Estados, Municípios e Distrito Federal, caso a referida investigação patrimonial não tenha sido realizada com êxito quando da constituição do crédito.
> §1º Fica o Poder Executivo autorizado a instituir Sistema Nacional de Informações Patrimoniais dos Contribuintes – SNIPC, administrado pelo Ministério da Fazenda, inclusive com base nas informações gerenciadas pela Secretaria da Receita Federal do Brasil, organizando o acesso eletrônico às bases de informação patrimonial de contribuintes, contemplando informações sobre o patrimônio, os rendimentos e os endereços, entre outras.
> §2º Os órgãos e entidades públicos e privados que por obrigação legal operem cadastros, registros e controle de operações de bens e direitos deverão disponibilizar para o SNIPC as informações que administrem.
> §3º Os Estados, o Distrito Federal e os Municípios, mediante convênio, poderão ter acesso ao SNIPC, nos termos do inciso XXII do art. 37 da Constituição.
> §4º O acesso ao SNIPC não desobriga o atendimento às informações adicionais requisitadas em caráter geral ou particular aos Cartórios de Registro de Imóveis, Detrans, Secretaria do Patrimônio da União, Capitania dos Portos, Juntas Comerciais, Agência Nacional de Aviação Civil, Comissão de Valores Mobiliários, Bolsas de Valores, Superintendência de Seguros Privados, Banco Central do Brasil, Câmaras de Custódia e Liquidação, Instituto Nacional de Propriedade Intelectual, bem como qualquer outro órgão ou entidade que possua a finalidade de cadastro, registro e controle de operações de bens e direitos.
> §5º Os resultados da investigação patrimonial no âmbito do SNIPC serão disponibilizados ao órgão responsável pela cobrança da dívida.
> §6º Por intermédio do SNIPC poderão ser geridas as informações e as transmissões das ordens recebidas do Poder Judiciário às pessoas e órgãos vinculados ao sistema.
> §7º Ficam sujeitos às penalidades previstas na Lei nº 8.112, de 11 de dezembro de 1990, e no Decreto-Lei nº 2.848, de 7 de dezembro de 1940 – Código Penal, os serventuários e auxiliares de justiça que não cumprirem as determinações transmitidas pelos órgãos responsáveis pelo gerenciamento do SNIPC.

Como pode-se compreender acima, a partir da análise do art. 4º, §1º, a criação, por parte do Poder Executivo, do denominado

Sistema Nacional de Informações Patrimoniais dos Contribuintes – SNIPC, que seria administrado pelo Ministério da Fazenda, e teria como base informações gerenciadas pela Secretaria da Receita Federal do Brasil, e elencaria uma série de informações patrimoniais dos contribuintes.

Ainda no tocante ao art. 4º do PL nº 5.080/2009, em seu §2º, este obriga os órgãos e entidades públicas e privadas a fornecerem suas informações para integrar o banco de dados do SNIPC. No §3º, o projeto garante aos Estados, Distrito Federal e Municípios a possibilidade de acesso ao SNIPC por meio de convênio, respeitando o exposto no inciso XXII do art. 37 da Constituição.

Tendo isso em mente, percebe-se que este sistema se difere do atual SISBAJUD pois possui como seu principal foco a mineração e disposição de informações patrimoniais dos contribuintes para auxiliar a busca por informações, já o SISBAJUD possui, dentre suas funções o bloqueio judicial. Fala-se, nesse caso, da criação de uma ferramenta especializada na obtenção de informações e na criação de uma ampla central de dados, o que beneficiaria a todas as esferas do poder, Executivo, Legislativo e, o que está em pauta no presente capítulo, Judiciário.

A criação do descrito sistema, teria, como objetivo, facilitar a procura de bens disponíveis à penhora, outro dos "gargalos" presentes nas execuções, responsáveis por grande parte do congestionamento dos processos de execução fiscal. Uma vez implantado o referido sistema, este possibilitaria que a Fazenda Pública averiguasse a possibilidade de êxito das execuções fiscais e, depois de sua implementação, o Poder Judiciário, por meio de convênio firmado através do CNJ, teria acesso ao sistema, o que garantiria a ele uma ferramenta inestimável no que tange ao levantamento e procura de bens disponíveis à penhora e expropriação, trazendo celeridade as etapas de *citação e penhora* e de *expropriação dos bens* do processo de execução fiscal.

3.1.3 Plataforma unificada de leilões judiciais

Após ser expropriado e avaliado, o bem, não tendo sua adjudicação sido requerida pelo exequente, a próxima etapa do processo de execução fiscal gira em torno da alienação deste bem, sendo feita por iniciativa particular ou por meio de leilão judicial (art. 879, CPC).

Os leilões judiciais possuem suas regras elencadas no CPC (arts. 897 e 882, CPC), este deverá ser feito por leiloeiro público, sendo realizados preferencialmente por meio eletrônico e, caso não seja possível realizá-lo *on-line*, este deverá ser realizado presencialmente, sendo regulamentados, no âmbito do Poder Judiciário, pela Resolução nº 236 do CNJ (13 de junho de 2016), cujo art. 1º expõe:

> Art. 1º Os leilões judiciais serão realizados exclusivamente por leiloeiros credenciados perante o órgão judiciário, conforme norma local (art. 880, *caput* e §3º), e deverão atender aos requisitos da ampla publicidade, autenticidade e segurança, com observância das regras estabelecidas na legislação sobre certificação digital. (BRASIL, 2020.)

Vale ainda observar as obrigações que recaem sobre o leiloeiro, expostas nos incisos I a V do art. 2º, §1º, da Resolução nº 236 do CNJ, que dizem:

> §1º O leiloeiro público, por ocasião do credenciamento, deverá apresentar declaração de que:
> I – dispõe de propriedade, ou por contrato de locação com vigência durante o período de validade do cadastramento, de imóvel destinado à guarda e à conservação dos bens removidos, com informações sobre a área e endereço atualizado completo (logradouro, número, bairro, município e código de endereçamento postal), no qual deverá ser mantido atendimento ao público;
> II – possui sistema informatizado para controle dos bens removidos, com fotos e especificações, para consulta on-line pelo Tribunal, assim como de que dispõe de equipamentos de gravação ou filmagem do ato público de venda judicial dos bens ou contrato com terceiros que possuam tais equipamentos;
> III – possui condições para ampla divulgação da alienação judicial, com a utilização dos meios possíveis de comunicação, especialmente publicação em jornais de grande circulação, rede mundial de computadores e material de divulgação impresso;
> IV – possui infraestrutura para a realização de leilões judiciais eletrônicos, bem como de que adota medidas reconhecidas pelas melhores práticas do mercado de tecnologia da informação para garantir a privacidade, a confidencialidade, a disponibilidade e a segurança das informações de seus sistemas informatizados, submetida à homologação pelo Tribunal respectivo;

V – não possui relação societária com outro leiloeiro público ou corretor credenciado. (BRASIL, 2020)

Observado o exposto no artigo acima, nota-se que ocorre uma prática semelhante a terceirização dos leilões judiciais, nos quais os leiloeiros possuem responsabilidades sobre os itens leiloados e arcam com as custas provenientes dos leilões, tem-se, neste caso, como objetivo, evitar que as custas do procedimento de alienação dos bens recaiam sobre o Poder Judiciário.

Tendo em vista o exposto acima, sugere-se a criação de uma plataforma unificada de leilões, um sistema informatizado e padronizado que estaria à disposição de todos os Tribunais locais, através de seus portais eletrônicos, e disponibilizaria um cadastro nacional de todos os leilões em andamento no país, discriminados por Estado, sendo alimentados por seus respectivos leiloeiros, diariamente.

A presente plataforma facilitaria o acesso e a participação daqueles interessados, fornecendo o *link* de acesso ao portal de qualquer leiloeiro/leilão em todo território nacional, fornecendo ampla publicidade aos leilões do país, o que traria agilidade e padronização às alienações dos bens expropriados, trazendo maior celeridade e eficiência à etapa de *arrematação e adjudicação* da execução fiscal, já citada anteriormente.

3.2 Sobre o Inova PJE e o Centro de Inteligência Artificial aplicada ao PJe do Conselho Nacional de Justiça (CNJ)

Expostas as sugestões de plataformas e sistemas algorítmicos acima, resta versar sobre o Laboratório de Inovação para o Processo Judicial em meio Eletrônico (Inova PJe) e o Centro de Inteligência Artificial aplicada ao PJe. Ambos instituídos pela Portaria nº 25, publicada no DJe/CNJ 25 (22/02/2019, p. 4-7), com o objetivo de padronizar os dados e otimizar os recursos à disposição do Poder Judiciário, garantindo assim, maior celeridade processual, compatibilidade entre os sistemas dos tribunais locais da federação e a incorporação progressiva de inovações (previstos na Constituição Federal, art. 5º, LXXXVIII; e no Código de Processo Civil, art. 196 respectivamente; vale citar ainda a Resolução nº 185/2013 do CNJ e o Termo de Cooperação nº 042/2018, celebrado entre o CNJ e o TJRO).

O art. 1º da referida Portaria expõe o seguinte:

> Art. 1º Fica instituído o Laboratório de Inovação para o Processo Judicial em meio Eletrônico – Inova PJe, que funcionará em contexto eminentemente digital e terá como principal objetivo pesquisar, produzir e atuar na incorporação de inovações tecnológicas na plataforma PJe, responsável pela gestão do processo judicial em meio eletrônico do Poder Judiciário, e o Centro de Inteligência Artificial aplicada ao PJe, com os objetivos de pesquisa, de desenvolvimento e de produção dos modelos de inteligência artificial para utilização na plataforma PJe. (BRASIL, 2020)

Analisadas as informações elencadas acima, nota-se que a criação destes dois institutos (Inova PJe e Centro de Inteligência Artificial aplicada do PJe), representa um grande passo rumo a busca pela celeridade e eficiência na resolução dos processos de execução fiscal, pois, através do Centro de Inteligência Artificial aplicada do PJe, seria possível a pesquisa e criação de sistemas automatizados semelhantes aos descritos em outro tópico do presente capítulo, que, ao serem aplicados, trariam celeridade e eficiência aos processos de execução fiscal.

3.3 Como seria afetado o direito ao contraditório e à ampla defesa caso estas tecnologias fossem aplicadas à execução fiscal – Como manter esse direito intacto

Após serem apresentadas sugestões de plataformas e sistemas baseados em inteligência artificial, assim como institutos estabelecidos cujo objetivo é a pesquisa e criação desse tipo de ferramenta, torna-se necessário refletir se esta automatização do processo de execução fiscal fere ou não o direito ao contraditório e da ampla defesa.

Define-se, neste caso, como ponto de partida, a necessidade de se versar sobre o direito ao contraditório e à ampla defesa. Presente no art. 5º, inciso LV da CRFB/88, garante que ninguém pode sofrer os efeitos de uma sentença proveniente de processo do qual não teve possibilidade de ser parte. Derivado do princípio do devido processo legal, garante a todo acusado direito de resposta, podendo sua defesa ser realizada por qualquer meio admitido em direito.

Esclarecido o conceito do direito em questão, deve-se expor por que o mesmo não será afetado pela implementação de sistemas automatizados e inteligência artificial nas etapas dos processos de execução fiscal.

Como já fora citado em outros tópicos do presente capítulo, os sistemas automatizados sugeridos teriam como função automatizar e padronizar as fases do processo de execução fiscal que, devido a dificuldades referentes a obtenção de dados dos executados, a discussões referentes a veracidade dos demonstrativos de cálculo apresentados pelos exequentes e, a alcance restrito da publicidade dos leilões judiciais, são responsáveis por gerar extrema morosidade as execuções fiscais.

Entretanto, como pode-se perceber, os sistemas sugeridos não retiram do executado seu direito à defesa, os programas em questão tratam-se de ferramentas, que auxiliam no cálculo, na mineração de dados financeiros e na divulgação de leilões públicos. Seu objetivo é o de padronizar, facilitar e, consequentemente garantir maior celeridade ao processo de execução fiscal.

Como exemplo, pode-se citar o programa para oferta de memória de cálculo padrão. A criação e aplicação deste não impossibilitaria o executado de impugnar o cálculo realizado pelo algoritmo. Caso julgue necessário, o réu poderia opor-se ao cálculo, que passaria então, à secretaria contábil do juízo competente. O sistema em tela apenas automatizaria o cálculo do demonstrativo de cálculo padrão, aplicando como base as legislações e jurisprudência já pacificadas a depender do caso.

Observa-se, portanto, que os sistemas sugeridos em nada afetariam o direito à ampla defesa e ao contraditório, visto que são ferramentas que estariam à disposição das partes e do Poder Judiciário, para que estes possam desfrutar de seus benefícios, não sendo prejudicados por elas.

Considerações finais

A questão do abarrotamento do Judiciário com o crescente número de processos executivos fiscais vem sendo objeto de debates ao longo dos anos. Exemplo disso é a criação de sistemas que auxiliem o Poder Judiciário na busca de informações e de ativos patrimoniais dos devedores, a fim de dar efetividade às decisões judiciais.

Em 2001 foi lançado o sistema Bacen Jud 1.0 que, posteriormente, deu lugar ao sistema Bacen Jud 2.0, permitindo ao magistrado a substituição da comunicação com as instituições financeiras por intermédio de ofícios físicos pelo célere meio eletrônico.

Contudo, embora o sistema Bacen Jud possibilite o registro e cumprimento de ordens de bloqueio de valores nos saldos existentes em contas de depósitos à vista (conta corrente), de investimentos e de poupança, depósitos a prazo, bem como o desbloqueio e/ou transferência de valor específico, as execuções fiscais ainda representam 39% do total de casos pendentes e 70% das execuções pendentes no Poder Judiciário.

Por conta disso, hoje o sistema Bacen Jud cede seu lugar ao sistema SISBAJUD, lançado pelo Conselho Nacional de Justiça, trazendo a automatização dos envios das ordens judiciais emanadas pelos magistrados às instituições financeiras, sendo uma grande promessa de bons resultados na questão da superlotação dos processos executivos fiscais na Justiça brasileira.

Além disso, a tecnologia vem apresentando cada vez mais novidades que podem e devem ser utilizadas a favor dos preceitos constitucionais da duração razoável do processo, trazendo resultados concretos nas etapas da execução, dando efetividade às decisões judiciais, sem perder de vista a garantia constitucional do devido processo legal.

Referências

BANCO CENTRAL DO BRASIL. *Bacen Jud*. Disponível em: https://www.bcb.gov.br/acessoinformacao/bacenjud. Acesso em: 20 dez. 2020.

BASSAN, Richard; OLIVEIRA, Bruno. *Revista de Direito e as Novas Tecnologias*, vol. 8/2020, Jul.-Set. 2020.

BRASIL. *Regulamento Bacen Jud 2.0.* Disponível em: https://www.bcb.gov.br/content/acessoinformacao/Documents/bacenjud/regulamentos/Regulamento-BACENJUD-02abr18.pdf. Acesso em: 20 dez. 2020.

BRASIL. Supremo Tribunal Federal. *Repositório Digital.* Disponível em: https://www.stf.jus.br/repositorio/cms/portalStfInternacional/portalStfCooperacao_pt_br/anexo/INFOJUD__RENAJUD__BACENJUD_Magistrados_do_BRIC.pdf. Acesso em: 21 dez. 2020.

CONSELHO NACIONAL DE JUSTIÇA – CNJ. *Justiça em Números 2017.* Brasília, 2017. Disponível em: https://www.cnj.jus.br/wp-content/uploads/2019/08/b60a659e5d5cb79337945c1dd137496c.pdf. Acesso em: 28 dez. 2020.

CONSELHO NACIONAL DE JUSTIÇA – CNJ. *Justiça em Números 2018.* Brasília 2018. Disponível em: https://www.cnj.jus.br/wp-content/uploads/2011/02/8d9faee7812d35a58cee3d92d2df2f25.pdf. Acesso em: 28 dez. 2020.

CONSELHO NACIONAL DE JUSTIÇA – CNJ. *Justiça em Números 2019.* Brasília 2019. Disponível em: https://www.cnj.jus.br/wp-content/uploads/conteudo/arquivo/2019/08/justica_em_numeros20190919.pdf. Acesso em: 28 dez. 2020.

CONSELHO NACIONAL DE JUSTIÇA – CNJ. *Justiça em Números 2020.* Brasília, 2020. Disponível em: https://www.cnj.jus.br/wp-content/uploads/2020/08/WEB-V3-Justiça-em-Números-2020-atualizado-em-25-08-2020.pdf. Acesso em: 28 dez. 2020.

CONSELHO NACIONAL DE JUSTIÇA – CNJ. *Portaria nº 25.* Brasília, 19 fev. 2019. Disponível em: portaria_25_19022019_25022019103736.pdf. Acesso em: 28 dez. 2020.

CONSELHO NACIONAL DE JUSTIÇA – CNJ. *Resolução nº 236.* Brasília, 12 jul. 2016. Disponível em: resolucao_236_13072016_15072016155240.pdf. Acesso em: 28 dez. 2020.

CONSELHO NACIONAL DE JUSTIÇA – CNJ. *SISBAJUD.* Brasília, 2020. Disponível em: https://www.cnj.jus.br/sistemas/sisbajud/. Acesso em: 28 dez. 2020.

CONGRESSO NACIONAL. *Projeto de Lei nº 5.080/2009.* Brasília, 20 abril 2009. Disponível em: https://www.camara.leg.br/proposicoesWeb/prop_mostrarintegra;jsessionid=node0c2xcqynu05vz14xeugsjd5j8f9466497.node0?codteor=648721&filename=PL+5080/2009. Acesso em: 28 dez. 2020.

MEDINA, José Miguel Garcia de; PAGLIARINI, Iliane Rosa. Crise no cumprimento do contrato e a penhora *on-line*. *Revista de Processo.* vol. 173/2009. p. 9-32. Jul./2009.

NUNES, Dierle; ANDRADE, Tatiane de. Tecnologia a serviço da efetividade na execução: uma alternativa aos dilemas do art. 139, IV, CPC. Iniciando a discussão. *Revista de Processo*, vol. 303/2020, p. 423-448, Maio/2020.

SILVA FILHO, Márcio Clemente Lima de Barros e. *Bacen jud na execução fiscal federal*: uma análise dogmática acerca da possibilidade de bloqueio de ativos financeiros antes da tentativa de citação do devedor. Dissertação (Mestrado) – Universidade Católica de Pernambuco. Programa de Pós-Graduação em Direito. Mestrado em Direito, 2019.

Informação bibliográfica deste texto, conforme a NBR 6023:2018 da Associação Brasileira de Normas Técnicas (ABNT):

RABELO, Manoel Alves; VITÓRIA, Fernanda Montalvão da; BRAGATTO, Luciano Rabelo. *A utilização das novas tecnologias a favor da celeridade e da efetividade dos processos executivos fiscais*. In: BUFULIN, Augusto Passamani (Coord.). *Questões atuais de Direito Público.* Belo Horizonte: Fórum, 2022. p. 43-57. ISBN 978-65-5518-302-3.

NEGÓCIOS JURÍDICOS PROCESSUAIS E A VIRTUALIZAÇÃO DO PROCESSO

AUGUSTO PASSAMANI BUFULIN
TIAGO AGUIAR VILARINHO

1 Introdução

A implementação dos benefícios da revolução tecnológica que vem transformando a sociedade nos últimos anos é tema que cada vez mais tem despertado o interesse dos acadêmicos, nas mais diversas áreas do conhecimento. No que se refere ao Direito Processual, muito se discute acerca da virtualização do processo judicial como método capaz de amplificar os resultados da tutela de direitos.

A informatização do processo e a prática de atos em meio virtual agilizam a prestação da tutela jurisdicional e eliminam etapas desnecessárias diante da dinâmica dos autos eletrônicos, conduzindo, *a priori*, a resultados mais eficientes.

Verificou-se, com o Código de Processo Civil de 2015, uma valorização dos mecanismos de informatização do processo, tendo o referido diploma reservado Seção específica para a regulamentação da prática eletrônica de atos processuais. Nada obstante o avanço em termos legislativos, a efetiva implementação do processo eletrônico e dos mecanismos conducentes à prática virtual de atos processuais ainda se mostra deveras insuficiente, o que indica estar o Poder Judiciário a negligenciar os benefícios da utilização da tecnologia para a racionalização da prestação jurisdicional.

Diante de tal problema, o presente trabalho busca investigar se o sistema processual civil atual comporta a celebração de convenções de natureza processual para virtualizar atos ou etapas procedimentais e assim contornar as deficiências acima deduzidas e, outrossim, identificar algumas das hipóteses-modelo aptas a conduzir a tais objetivos.

Para tanto, vale-se de pesquisa bibliográfica e divide-se o trabalho em três seções primordiais, iniciando-se pela análise da virtualização do processo e sua potencialidade de condução a resultados mais eficientes para a tutela de direitos.

Em seguida, discorre-se de maneira breve acerca do negócio jurídico processual e sua aptidão de conformação do procedimento às especificidades da causa, desde que respeitados os limites que o ordenamento impõe ao poder de autorregramento da vontade.

Por fim, fixada a premissa de que o negócio processual representa alternativa para a superação das deficiências no âmbito da virtualização do processo, identificam-se modelos de convenção aptos a garantir a prática de atos processuais em meio virtual, de acordo com os objetivos de otimização da tutela e de promoção de um acesso à justiça adequado.

2 A virtualização do processo como técnica de potencialização da eficiência processual

Há tempos a doutrina se debruça sobre a problemática da crise de eficiência e efetividade do sistema judiciário brasileiro, incapaz de entregar a tutela jurisdicional no tempo e da forma mais consentânea com a garantia constitucional de acesso à justiça.[1] Nas últimas décadas, a insuficiência da capacidade de pacificação social do Poder Judiciário para fazer frente ao demandismo decorrente da amplificação das relações sociais se tornou ainda mais evidente, fator que se atribui, em parte, ao sistema processual.

Nada obstante, a legislação processual representa apenas um dos fatores – talvez o menos impactante – que contribui para a crise de resultados do Poder Judiciário. Como bem ressalta Marcelo Abelha Rodrigues,[2] a crise do Judiciário decorre, primordialmente, de circunstâncias intrínsecas, que a simples edição de um novo diploma processual não possui o condão de solucionar, tais como a falta de recursos humanos, materiais e tecnológicos, o déficit gerencial e a inadequação da opção preponderante pelo método de resolução adjudicatório de conflitos.

---

[1] STRECK, Lenio Luiz. A Crise da efetividade do Sistema Processual Brasileiro. *Revista Direito em Debate*, Rio Grande do Sul, v. 1, n. 5, 1995, p. 1.

[2] RODRIGUES, Marcelo Abelha. O novo CPC e a tutela jurisdicional executiva (parte 1). *Revista de Processo*, São Paulo, v. 244, jun. 2015, p. 91-92.

A deficiência do sistema judiciário brasileiro pode ser atribuída a três grandes áreas de questões, conforme lição de Maria Tereza Sadek e Rogério Bastos Arantes: a) crise institucional; b) crise estrutural; e c) crise relativa aos procedimentos.[3]

No que se refere à crise institucional, aduzem que o desenho institucional do Poder Judiciário e a sua constante convocação à mediação das tensões entre os Poderes Executivo e Legislativo, por meio da judicialização da política, contribuem para que a atuação do Judiciário seja alvo de pressões e críticas de natureza política.[4] A crise estrutural, a seu turno, no sentido do que já tratado linhas acima, relaciona-se a uma estrutura abstratamente superdimensionada, mas pragmaticamente ineficiente e deficiente em recursos humanos, tanto no aspecto quantitativo quanto no qualitativo.[5] Por fim, a crise procedimental, segundo os autores, relaciona-se ao excessivo formalismo das normas processuais e à necessidade de observância dos ritos e garantias constitucionais e legais previstas em nosso ordenamento.[6]

Embora tenhamos defendido linhas acima que a lei processual, *per se*, representa elemento que influi em menor escala na crise de eficiência e efetividade do Poder Judiciário, é preciso ressaltar que o CPC/2015 avançou consideravelmente em termos de simplificação e racionalização do sistema, proporcionando um procedimento passível de adaptação casuística[7] à realidade social e aos direitos emergentes na sociedade da informação.[8]

---

[3] SADEK, Maria Tereza; ARANTES, Rogério Bastos. A crise do Judiciário e a visão dos juízes. *Revista USP*, São Paulo, n. 21, 1994, p. 37-41.
[4] SADEK, Maria Tereza; ARANTES, Rogério Bastos. A crise do Judiciário e a visão dos juízes. *Revista USP*, São Paulo, n. 21, 1994, p. 37-38.
[5] SADEK, Maria Tereza; ARANTES, Rogério Bastos. A crise do Judiciário e a visão dos juízes. *Revista USP*, São Paulo, n. 21, 1994, p. 38-40.
[6] SADEK, Maria Tereza; ARANTES, Rogério Bastos. A crise do Judiciário e a visão dos juízes. *Revista USP*, São Paulo, n. 21, 1994, p. 40-41.
[7] Como bem salientam Fredie Didier Jr., Antonio do Passo Cabral e Leonardo Carneiro da Cunha, essa possibilidade de adaptação do procedimento às especificidades da situação material vivenciada pelas partes representa importante conquista em relação ao sistema anterior, que dependia preponderantemente da adequação legislativa, incapaz, como cediço, de regular satisfatoriamente todos os litígios, especialmente no atual momento de dinamismo e complexidade das relações sociais (DIDIER JR., Fredie; CABRAL, Antonio do Passo; CUNHA, Leonardo Carneiro da. *Por uma nova teoria dos procedimentos especiais*: dos procedimentos às técnicas. 2. ed. Salvador: Juspodivm, 2021, p. 90-91.
[8] Segundo Andréia Rocha Feitosa, "Atualmente, vivemos a denominada 'sociedade da informação', momento este em que todos os cidadãos estão diuturnamente conectados à

Dentre as razões de ordem social e jurídica que ensejaram a edição do Código de Processo Civil de 2015 (CPC/2015), elencam-se a falta de legitimidade social do diploma que lhe antecedeu para regular as relações sociais no mundo atual, globalizado e marcado por relações de massa, assim como o descompasso entre o Código então vigente e o paradigma de constitucionalização do direito promovido pela CF/1988.[9] Inegável, portanto, que pretendeu o legislador conformar o diploma que norteia o sistema processual civil às exigências sociais e constitucionais hodiernas, mitigando a carência de eficiência e efetividade da prestação jurisdicional civil.

E, nesse viés, um dos notáveis progressos se deu na valorização do processo virtual como meio de conferir celeridade e eficiência à tutela jurisdicional. O CPC/2015 inova em relação ao Código anterior ao destinar Seção específica[10] para dispor sobre a prática eletrônica de atos processuais, além de reiterar, em diversas passagens, a possibilidade ou até mesmo a obrigatoriedade de opção pelo meio eletrônico, notadamente no que se refere aos atos de comunicação processual.[11]

Trata-se, em verdade, de uma natural consequência do movimento de paulatina incorporação da realidade tecnológica à atividade jurisdicional deflagrado a partir da Lei nº 10.259/2001 – Lei dos Juizados Especiais Federais[12] – e posteriormente amplificado pela

---

rede mundial de computadores, recebendo e transmitindo diversificadas informações, bem como buscando incessantemente novos meios tecnológicos que atendam aos seus anseios de consumo" (FEITOSA, Andréia Rocha. Apontamentos práticos no peticionamento eletrônico atual. In: FEITOSA, Andréia Rocha (Coord.). *Direito digital e a modernização do judiciário*. São Paulo: LTr, 2015, p. 21.

[9] RODRIGUES, Marcelo Abelha. O novo CPC e a tutela jurisdicional executiva (parte 1). *Revista de Processo*, São Paulo, v. 244, jun. 2015, p. 88-91.

[10] Seção II, do Capítulo I, do Título I do Livro IV, que trata dos Atos Processuais.

[11] Comentando o Projeto de Lei que deu ensejo ao CPC/2015, Renato de Magalhães Dantas Neto também conclui no sentido do prestígio ao processo eletrônico no novo diploma: "[...] restou evidenciado que o projeto do novo Código de Processo Civil priorizará, sem sombra de dúvidas, o uso dos atos eletrônicos a fim de priorizar a celeridade processual" (DANTAS NETO, Renato de Magalhães. Sobre o processo eletrônico e mudança no paradigma processual: ou não existe ou tudo é paradigma. *Revista de Processo*, São Paulo, v. 240, fev. 2015, p. 394).

[12] Os Juizados Especiais são informados, entre outros, pelos princípios da celeridade, simplicidade e informalidade. Talvez por isso tenham sido *locus* natural para o início da virtualização do processo. A Lei nº 10.259/2001 foi o diploma que viabilizou o surgimento dos primeiros *softwares* de tramitação processual, ao dispor, em seu art. 8º, §2º, que "os tribunais poderão organizar serviço de intimação das partes e de recepção de petições por meio eletrônico".

edição da Lei nº 11.419/2006 – Lei de Informatização do Processo Judicial –, que assentou as bases para a virtualização do processo em todo o Poder Judiciário.[13] Como bem destaca Carlos Marden Cabral Coutinho, o CPC/2015 atua como vetor de estímulo à tendência insuprimível de virtualização do processo:

> Desse modo, o Código Civil de 2015 incentiva que se continue a gradativa e progressiva virtualização do Poder Judiciário, não apenas com a existência de feitos totalmente eletrônicos desde a sua propositura, mas também com a virtualização dos processos físicos atualmente existentes, admitindo a realidade tecnológica da sociedade na qual fora concebido.[14]

Mas, para além da valorização do processo virtual, a incorporação de regramento para a prática de atos processuais eletrônicos no CPC/2015 transmite a nítida mensagem de que o processo digital deve se submeter às normas fundamentais do processo civil, dentre as quais se destacam as previstas nos arts. 4º e 8º do Código, a denotarem, respectivamente, a necessidade de que o processo entregue a efetiva tutela a quem de direito em tempo razoável e com eficiência.

Muito se propaga acerca da potencialidade de ganhos de eficiência e celeridade a partir da informatização do processo, especialmente em função da supressão das denominadas "etapas mortas" do procedimento e da agilização da prática de certos atos.[15] Importa explicitar, no entanto, o que se entende por eficiência processual a fim de que se possa corroborar se a virtualização possui, de fato, aptidão para tornar o processo jurisdicional mais eficiente.

Fredie Didier Jr. bem acentua que o princípio da eficiência impõe que os objetivos do processo sejam atingidos em seu grau máximo, com o dispêndio de um mínimo de recursos. Nos precisos termos do autor, "eficiente é a atuação que promove os

---

[13] Não se olvida aqui que a Lei nº 11.280, também de 2006, já havia conferido aos Tribunais a possibilidade de dispor acerca da prática e comunicação de atos processuais por meio eletrônico. Não obstante, é com a edição da Lei nº 11.419/2006 que surge uma regulamentação mais abrangente da matéria, pavimentando o caminho para o desenvolvimento da virtualização do processo.
[14] COUTINHO, Carlos Marden Cabral. Processo eletrônico no novo processo civil: limites e possibilidades democráticas. *Revista de Processo*, São Paulo, v. 284, out. 2018, p. 27.
[15] DAMASCENO, Marina. A morte das etapas mortas no e-processo? *Revista de Processo*, São Paulo, v. 286, dez. 2018, p. 194.

fins do processo de modo satisfatório em termos quantitativos, qualitativos e probabilísticos".[16] E arremata, ainda, realizando importante distinção entre a eficiência e a efetividade processuais, compreendendo-se a primeira, como tratado acima, pela perspectiva do atingimento satisfatório de resultados e a segunda, a seu turno, no sentido da realização concreta do direito tutelado pelo processo.[17]

Considerando que a virtualização do procedimento além de promover a supressão das ditas "etapas mortas" do processo – proporcionando agilidade na tramitação – também viabiliza significativa economia de recursos materiais,[18] verifica-se que ao menos potencialmente o processo eletrônico conduz a uma prestação jurisdicional mais eficiente, contribuindo para mitigar o cenário de crise retratado acima.

É notório que com o arcabouço tecnológico atualmente disponível, o trato do profissional do Direito e dos jurisdicionados com o processo virtual se torna otimizado, sobretudo porque as informações são digitalmente acessíveis e processáveis em menos tempo, resultando em potencial incremento de eficiência.[19]

Mas a autêntica melhoria de resultados deve vir acompanhada da efetiva implementação, pelos Tribunais, das tecnologias atualmente existentes capazes de tornar o processo mais acessível e ágil. É preciso avançar consideravelmente em termos de virtualização do processo, de treinamento dos usuários e de disponibilização de canais e ferramentas tecnológicas para tornar o acesso mais amplo e simplificado.

Não há como prescindir dos recursos tecnológicos atualmente existentes, capazes de aprimorar o acesso à justiça. Como bem

---

[16] DIDIER JR., Fredie. *Cooperação judiciária nacional*: esboço de uma teoria para o direito brasileiro (arts. 67-69, CPC). Salvador: Juspodivm, 2020, p. 55.

[17] DIDIER JR., Fredie. *Cooperação judiciária nacional*: esboço de uma teoria para o direito brasileiro (arts. 67-69, CPC). Salvador: Juspodivm, 2020, p. 57.

[18] Renato de Magalhães Dantas Neto, ao comentar a economia de recursos observada pelo TJCE a partir da implementação do processo virtual, aduz: "Uma outra razão para a alteração o uso do *papel virtual*, são os custos. A utilização de autos virtuais faz surgir um superávit expressivo no gasto com o processo. De acordo com a assessoria de imprensa do TJCE, 'o custo aproximado de um processo caiu de R$ 5,34 para R$ 3,17, o que representa uma economia de 40% em cada processo que entra na Justiça através do Projudi'" (DANTAS NETO, Renato de Magalhães. Autos virtuais: o novo layout do processo judicial brasileiro. *Revista de processo*, São Paulo, v. 194, abr. 2011, p. 183).

[19] HERANI, Renata. Inovação em prol da justiça. *Revista de Direito e as Novas Tecnologias*, São Paulo, v. 6, jan./mar. 2020, p. 102.

anotam Guilherme Costa Leroy e Luiz Felipe de Freitas Cordeiro, "no ecossistema jurídico o cenário de mudanças tecnológicas pode ter impactos diretamente ligados à prestação jurisdicional e ao acesso à justiça, posto que o Poder Judiciário, que se encontra tomado de demandas, ainda caminha devagar para a implementação de tecnologias".[20]

Embora 88% dos casos novos ingressados no Poder Judiciário no ano de 2019 tenham sido eletrônicos, cerca de 27% do acervo processual dos Tribunais ainda é composto por processos físicos.[21] Esta realidade é ainda mais preocupante em alguns Tribunais pátrios, que ainda apresentam percentuais insatisfatórios de virtualização.[22]

A plataforma eletrônica e o fluxo de tramitação também devem ser adequadamente estruturados para otimizar o *iter* procedimental, sob pena de não se eliminar completamente os gargalos e etapas mortas do processo físico, comprometendo a consecução da principal virtude da virtualização, qual seja, a potencialização da eficiência processual. Não se pode conceber que o processo deixe de atingir seus objetivos por esbarrar em etapas burocráticas ou exigir a prática de movimentos desnecessários, afinal, como bem assentou Chiovenda, "o processo deve dar, quanto for possível praticamente, a quem tem um direito, tudo aquilo e exatamente aquilo que ele tenha direito de conseguir".[23]

---

[20] LEROY, Guilherme Costa; CORDEIRO, Luiz Felipe de Freitas. A inserção das lawtechs, legaltechs e inteligência artificial no âmbito jurídico: primeiras reflexões sobre o uso da inteligência artificial e os atos do magistrado. In: *Anais de Resumos Expandidos do I Congresso de Ciência, Tecnologia e Inovação: Políticas e Leis*. Anais. Belo Horizonte (MG) Faculdade de Direito da UFMG, 2018, p. 02. Disponível em: https//www.even3.com.br/anais/observalei/131534-A-INSERCAO-DAS-LAWTECHS-LEGALTECHS-E-INTELIGENCIA-ARTIFICIAL-NO-AMBITO-JURIDICO--PRIMEIRAS-REFLEXOES-SOBRE-O-USO. Acesso em: 22 dez. 2020.

[21] Fonte: CONSELHO NACIONAL DE JUSTIÇA – CNJ. *Relatório Justiça em Números 2020* (ano-referência 2019) do Conselho Nacional de Justiça. Disponível em: https://www.cnj.jus.br/wp-content/uploads/2020/08/WEB-V3-Justi%C3%A7a-em-N%C3%BAmeros-2020-atualizado-em-25-08-2020.pdf. Acesso em: 20 dez. 2020.

[22] É o caso dos seguintes Tribunais: TJES (21% do acervo eletrônico), TJRS (23% eletrônico), TJMG (31% eletrônico), TJPA (38% eletrônico), TJSP (53% eletrônico) (CONSELHO NACIONAL DE JUSTIÇA – CNJ. *Relatório Justiça em Números 2020* (ano-referência 2019) do Conselho Nacional de Justiça. Disponível em: https://www.cnj.jus.br/wp-content/uploads/2020/08/WEB-V3-Justi%C3%A7a-em-N%C3%BAmeros-2020-atualizado-em-25-08-2020.pdf. Acesso em: 20 dez. 2020).

[23] CHIOVENDA, Giuseppe. *Instituições de direito processual civil*. Tradução: Paolo Capitanio. v. 1. 2. ed. Campinas: Bookseller, 2000, p. 67.

Do que se expôs até aqui, verifica-se que a virtualização do processo é uma realidade que naturalmente decorre dos avanços tecnológicos da atual fase de desenvolvimento social, ao tempo em que é considerada relevante mecanismo para incrementar a eficiência processual e mitigar a crise de resultados do Poder Judiciário. O atingimento dos benefícios práticos da virtualização, entretanto, dependem ainda de melhoria substancial em aspectos quantitativos – percentual de processos eletrônicos – e qualitativos – processo virtual dinâmico, acessível e com fluxo desenhado de maneira a suprimir os gargalos de tramitação.

É nesse viés que, alternativamente, indaga-se se poderiam as partes e o órgão jurisdicional convencionar a respeito de alterações procedimentais voltadas à otimização do processo pela via da utilização dos mecanismos virtuais, tanto nos casos de ausência de plataforma eletrônica de tramitação, quanto nos casos em que, embora existente, possa ser a plataforma conjugada a outros meios virtuais de tratamento de demandas ou ter o seu fluxo aperfeiçoado a partir de ajustes negociais.

Faz-se necessário, então, discorrer brevemente acerca dos negócios jurídicos processuais e de suas potencialidades, tema nuclear para a correta compreensão do que se investiga no presente trabalho.

3   O poder de autorregramento da vontade no processo e seus limites

A possibilidade de as partes, a partir do autorregramento da vontade, atingirem certos efeitos processuais, constitui manifestação do direito fundamental de liberdade.[24] Fredie Didier Jr. bem acentua que em nosso ordenamento o processo deve ser estruturado de maneira a conferir certo grau de liberdade para exercício do autorregramento da vontade, sob pena de ofensa ao princípio do devido processo legal.[25]

O negócio jurídico processual é o instituto que viabiliza o exercício do autorregramento da vontade no âmbito do processo,

---

[24] DIDIER JR., Fredie. *Ensaios sobre os negócios jurídicos processuais*. Salvador: Juspodivm, 2018, p. 18.
[25] DIDIER JR., Fredie. *Ensaios sobre os negócios jurídicos processuais*. Salvador: Juspodivm, 2018, p. 19.

podendo ser conceituado como "o fato jurídico voluntário em cujo suporte fático, descrito em norma processual, esteja conferido ao respectivo sujeito o poder de escolher a categoria jurídica ou estabelecer, dentro dos limites fixados no próprio ordenamento jurídico, certas situações jurídicas processuais".[26]

Os Códigos de Processo Civil que antecederam o atualmente vigente já contavam com figuras negociais típicas, a exemplo da desistência, transação etc. Com o advento do CPC/2015, entretanto, a liberdade de autorregulação de interesses ganhou substancial incremento, a partir da previsão da negociação processual atípica, assim definida aquela estruturada a partir do exercício da autonomia das partes, não havendo uma modelagem típica expressamente prevista na legislação.[27]

O negócio jurídico processual atípico é previsto no art. 190 do CPC/2015, que estabelece a possibilidade de as partes plenamente capazes convencionarem ajustes procedimentais ou dispor de suas situações jurídicas processuais, mesmo antes de configurada a litispendência, nos casos em que se admita autocomposição.

Na esteira do que já tratado neste trabalho, o negócio jurídico processual atípico integra o rol de inovações do CPC/2015 que colaboram para a flexibilização do sistema processual civil, propiciando melhor ajuste do procedimento ao direito que se busca tutelar, constituindo assim importante mecanismo para a consecução da eficiência e efetividade processuais.[28]

Assumem as partes, então, um importante papel na construção do caminho em que se dará a prestação da tutela jurisdicional, mitigando o caráter impregnado no CPC/1973 de intenso protagonismo do juiz na condução do processo.[29] Nesse cenário, pode-se imaginar a celebração de convenções entre as partes ou entre estas e o juiz para a virtualização de certos atos ou etapas do procedimento, visando

---

[26] NOGUEIRA, Pedro Henrique. *Negócios Jurídicos Processuais*. 4. ed. Salvador: Juspodivm, 2020, p. 175.

[27] CABRAL, Antonio do Passo. *Convenções processuais*: teoria geral dos negócios jurídicos processuais. 3. ed. Salvador: Juspodivm, 2020, p. 107.

[28] MAZZEI, Rodrigo; CHAGAS, Bárbara Seccato Ruis. Os negócios jurídicos processuais e a arbitragem. *In*: CABRAL, Antonio do Passo; NOGUEIRA, Pedro Henrique (Coord.). *Negócios processuais*. v. 1. 4. ed. Salvador: Juspodivm, 2019, p. 702.

[29] CABRAL, Trícia Navarro Xavier. *Limites da liberdade processual*. São Paulo: Foco, 2019, p. 91.

ajustá-lo às peculiaridades de suas situações, sendo esta a questão central de que se ocupa o presente trabalho.

Mas antes que se passe à análise dos negócios jurídicos processuais na conjuntura da virtualização do processo, faz-se necessário sintetizar o que vem erigindo a doutrina no tocante aos parâmetros a serem considerados pelo juiz no controle de validade das convenções atípicas, haja vista ter o art. 190 do CPC/2015 estatuído verdadeira cláusula geral, dependente de densificação normativa para que se defina o seu real alcance.

Em função das estreitas balizas deste trabalho, não se analisam todos os critérios indicados pela doutrina como requisitos e limites das convenções processuais. Optou-se por traçar um panorama geral dos requisitos de validade e dos principais critérios limitadores da negociação processual atípica, de maneira a subsidiar a análise dos modelos de convenção propostos no item seguinte.

Como requisitos de validade expressamente previstos em lei para a negociação atípica, tem-se o seguinte: a) causa que verse sobre direitos que admitam autocomposição; b) capacidade plena das partes; c) ausência de nulidades processuais ou materiais; d) não ser inserida abusivamente em contrato de adesão; e e) inexistência de parte em manifesta situação de vulnerabilidade.

Importante consignar que quando o Código se refere a direito que admite autocomposição, exige, unicamente, que o objeto da demanda seja autocomponível, o que não se confunde com a disponibilidade do direito. Afinal, o direito pode ser indisponível – p. ex., direito a alimentos – e se submeter perfeitamente à autocomposição. Este é, também, o sentido do Enunciado nº 135[30] do Fórum Permanente de Processualistas Civis – FPPC.

Quanto ao requisito da capacidade plena, há divergência quanto a sua natureza ser material ou processual. Adere-se aqui à posição de Fredie Didier Jr.[31] e Pedro Henrique Nogueira,[32] no sentido de que a capacidade a que se refere o art. 190 do CPC/2015 é

---

[30] Enunciado nº 135 do FPPC: "A indisponibilidade do direito material não impede, por si só, a celebração de negócio jurídico processual".

[31] DIDIER JR., Fredie. *Ensaios sobre os negócios jurídicos processuais*. Salvador: Juspodivm, 2018, p. 34.

[32] NOGUEIRA, Pedro Henrique. *Negócios Jurídicos Processuais*. 4. ed. Salvador: Juspodivm, 2020, p. 277.

a processual. Destarte, ainda que processualmente incapaz, poderá celebrar convenção processual a parte que esteja devidamente representada.

Trícia Navarro Xavier Cabral[33] dispõe, quanto às nulidades, que estas poderão ser de natureza processual ou material. Em síntese, as convenções devem estar livres de vícios processuais, devendo observar as normas de ordem pública. Também não poderão apresentar defeitos de natureza material, a exemplo dos vícios sociais e hipóteses de nulidade do negócio. Aplica-se aqui a perspectiva instrumentalista de que não se decretará a nulidade do ato sem prejuízo, conforme enunciado nº 16[34] do FPPC.

Quanto à inserção de negócios jurídicos processuais em contratos de adesão, o que é vedado é apenas a sua estipulação de forma abusiva, assim entendida aquela que estabeleça restrições desproporcionais para a parte aderente. Bruno Garcia Redondo frisa que a desproporção, nessa hipótese, deve ser resultante da impossibilidade de deliberação específica quanto à cláusula desfavorável ao aderente.[35]

No que tange à celebração de negócio jurídico processual por parte em situação de vulnerabilidade – em suas variadas acepções –, a definição do que se entende por "manifesta vulnerabilidade" será casuística e deverá levar em conta a situação das partes no momento da celebração da avença, e não eventual situação de desequilíbrio decorrente do próprio negócio.[36]

Além dos requisitos legais expressos de validade, a doutrina traça diversos parâmetros a delinearem os contornos da negociação processual atípica.

---

[33] CABRAL, Trícia Navarro Xavier. *Limites da liberdade processual*. São Paulo: Foco, 2019, p. 103.
[34] Enunciado nº 16 do FPPC: "O controle dos requisitos objetivos e subjetivos de validade da convenção de procedimento deve ser conjugado com a regra segundo a qual não há invalidade do ato sem prejuízo".
[35] REDONDO, Bruno Garcia. *Negócios jurídicos processuais atípicos no Direito Processual Civil brasileiro*: existência, validade e eficácia. 2019. 304 f. Tese (Doutorado em Direito) – Programa de Estudos Pós-Graduados em Direito, Pontifícia Universidade Católica de São Paulo, São Paulo, 2019, p. 152.
[36] REDONDO, Bruno Garcia. *Negócios jurídicos processuais atípicos no Direito Processual Civil brasileiro*: existência, validade e eficácia. 2019. 304 f. Tese (Doutorado em Direito) – Programa de Estudos Pós-Graduados em Direito, Pontifícia Universidade Católica de São Paulo, São Paulo, 2019, p. 261.

Um dos critérios basilares a nortearem o controle judicial dos negócios jurídicos processuais é a máxima *in dubio pro libertate*, que estabelece uma espécie de pressuposição em favor da convenção, que só poderá ser afastada pelo juiz a partir de uma fundamentação idônea a demonstrar a invalidade do pacto e a necessidade de sua supressão.[37] Desse modo, "ressalvada alguma regra que imponha uma interpretação restritiva (art. 114 do Código Civil, p. ex.), da dúvida deve admitir-se o negócio processual".[38]

O objeto da convenção deverá, ainda, observar normas constitucionais de cunho processual, como o devido processo legal e seus corolários, além das normas processuais infraconstitucionais cogentes.[39] Antonio do Passo Cabral, a este respeito, realiza importante ressalva de que o princípio do contraditório norteará a interpretação e a aplicação das convenções processuais, devendo o afastamento judicial dos pactos processuais ser precedido da possibilidade de manifestação das partes, ainda que se trate de matéria cognoscível de ofício pelo juiz.[40]

Pode-se concluir que, de uma forma geral, o devido processo legal – e seus corolários –, as normas fundamentais do processo e as normas instituídas para a proteção da ordem pública e de interesses indisponíveis nortearão a interpretação e a análise de validade das convenções processuais atípicas em nosso sistema.

A partir dessas reflexões acerca dos negócios jurídicos processuais e dos limites ao autorregramento da vontade nos negócios atípicos, pode-se analisar com maior precisão a aplicação do instituto no contexto da virtualização do processo e elencar algumas das situações passíveis de estipulação convencional com vistas a tornar o procedimento mais eficiente e adaptado às circunstâncias das partes, conforme se discute a seguir.

---

[37] CABRAL, Antonio do Passo. *Convenções processuais*: teoria geral dos negócios jurídicos processuais. 3. ed. Salvador: Juspodivm, 2020, p. 313.
[38] DIDIER JR., Fredie. *Ensaios sobre os negócios jurídicos processuais*. Salvador: Juspodivm, 2018, p. 37.
[39] YARSHELL, Flávio Luiz. Convenções das partes em matéria processual. *In*: CABRAL, Antonio do Passo; NOGUEIRA, Pedro Henrique (Coord.). *Negócios processuais*. v. 1. 4. ed. Salvador: Juspodivm, 2019, p. 87-89.
[40] CABRAL, Antonio do Passo. *Convenções processuais*: teoria geral dos negócios jurídicos processuais. 3. ed. Salvador: Juspodivm, 2020, p. 313.

4 A virtualização convencional de atos ou etapas do procedimento

Fixadas as premissas de que o processo virtual possui aptidão para tornar a tutela jurisdicional mais eficiente e de que o negócio jurídico processual potencializa a adaptabilidade do procedimento às peculiaridades do direito que se busca tutelar pelo processo, parte-se à análise de hipóteses de convenção que se valham da virtualização com vistas à otimização de certos atos ou etapas procedimentais.

Note-se que a virtualização de atos processuais pode se efetivar tanto em processos físicos quanto em processos que já tramitem em meio eletrônico, tendo em vista que mesmo em autos virtuais há ainda forte prevalência pela prática de atos presenciais ou em meio físico. A digitalização dos autos, portanto, não conduz necessariamente à virtualização de todo o *iter* procedimental, o que se pode alcançar pela via convencional, como se verá adiante.

4.1 Protocolos institucionais

Um dos caminhos viáveis para a virtualização convencional do processo é a partir da celebração de protocolos institucionais, negócios jurídicos "caracterizados como acordos plurilaterais institucionais, celebrados por pessoas jurídicas ou órgãos em nome de uma categoria ou grupo, vinculando todos seus membros".[41] [42]

Vislumbra-se, assim, oportunidade para a celebração de protocolos institucionais entre Tribunais e entidades como a Ordem dos Advogados do Brasil, por exemplo, para garantir não apenas a implementação do processo eletrônico – inclusive com fixação de cronograma –, como também a realização virtual de atos ou etapas do procedimento, mesmo nos processos ainda não digitalizados.

---

[41] CABRAL, Antonio do Passo. *Convenções processuais*: teoria geral dos negócios jurídicos processuais. 3. ed. Salvador: Juspodivm, 2020, p. 105.

[42] Pedro Henrique Nogueira destaca que os protocolos não podem vincular aqueles que a ele não aderiram para criar restrições ou limitações de direitos processuais (NOGUEIRA, Pedro Henrique. *Negócios Jurídicos Processuais*. 4. ed. Salvador: Juspodivm, 2020, p. 304.

Antonio do Passo Cabral, ao discorrer sobre a evolução histórica das convenções processuais na experiência europeia, destaca que um dos importantes mecanismos propulsores da sedimentação dos contratos de procedimento na França foi a celebração de protocolos institucionais destinados à informatização do processo judicial.[43]

A princípio, protocolos institucionais direcionados à informatização do processo não parecem representar qualquer ofensa aos parâmetros balizadores das convenções processuais. Já a inclusão de cláusulas que determinem a virtualização de atos ou etapas procedimentais nesses protocolos, a nosso ver, não pode ser estendida compulsoriamente àqueles que não aderiram aos seus termos, sob pena de, em certas situações, limitar-se o acesso à ordem jurídica justa e efetiva – p. ex., o caso em que se recomende a oitiva presencial de testemunhas para evitar conluio ou orientação quanto às suas manifestações.

4.2 Convenção processual de virtualização de comunicações processuais e audiências e o "Juízo 100% Digital"

Diferentemente do que se dá nos protocolos institucionais, a hipótese aqui abordada se refere ao pacto celebrado entre as partes e o órgão jurisdicional visando a prática de certos atos processuais em ambiente virtual.

Referido ajuste poderá ocorrer antes mesmo de instaurada a relação processual, em instrumento contratual firmado entre as partes, sujeito à posterior análise judicial. No entanto, nada impede sua celebração após iniciada a tramitação do processo. Veja-se que, em qualquer dos casos, a efetiva implementação do pacto dependerá de anuência do juiz que se tornará parte da convenção.

No ponto frise-se a existência de vozes em sentido contrário[44] à possibilidade de o juiz integrar, como sujeito, o negócio processual.

---

[43] CABRAL, Antonio do Passo. *Convenções processuais*: teoria geral dos negócios jurídicos processuais. 3. ed. Salvador: Juspodivm, 2020, p. 148.

[44] Antonio do Passo Cabral sustenta que o juiz não pode ser parte na convenção, por entender que a capacidade negocial não se coaduna com a função jurisdicional, ressalvando a

Nada obstante, adere-se à posição que considera possível a participação do juiz como parte da convenção, o que se extrai até mesmo do próprio sistema: o calendário processual, negócio jurídico processual típico, depende da participação do juiz como sujeito da avença.[45]

Afigura-se possível a celebração de acordo processual para a efetivação de comunicações processuais – citações e intimações – em meios eletrônicos alternativos, como aplicativos de mensagens instantâneas, correio eletrônico etc. O Conselho Nacional de Justiça – CNJ – já decidiu, em sede de Procedimento de Controle Administrativo,[46] pela possibilidade de utilização do aplicativo móvel *whatsapp* como ferramenta para efetivação de intimações no Poder Judiciário e, a nosso ver, a adesão das partes ao mecanismo representa autêntica manifestação do fenômeno da autorregulação de interesses para a modificação do *standart* procedimental (forma do ato) previsto em lei.[47]

O mesmo se dá na esfera das audiências, que poderão, via pacto processual, ser realizadas exclusivamente por videoconferência. Já há inclusive regulamentação pelo CNJ (Resolução nº 354, de 19 de novembro de 2020) para o cumprimento digital de atos processuais, prevendo a realização de audiências por videoconferência ou telepresenciais, mediante requerimento das partes.

E a celebração de negócio jurídico processual para virtualizar todos os atos do processo, dispensando-se ao máximo o comparecimento físico às unidades judiciárias, seria admissível em nosso sistema?

Recentemente o CNJ editou a Resolução nº 345/2020, que autoriza os Tribunais pátrios a implementarem o "Juízo 100% Digital", iniciativa pela qual todos os atos processuais serão

---

atuação do juiz como parte – exceções e conflito de competência – ou do órgão judiciário nos protocolos institucionais, como Estado-administração (CABRAL, Antonio do Passo. *Convenções processuais*: teoria geral dos negócios jurídicos processuais. 3. ed. Salvador: Juspodivm, 2020, p. 274-275).

[45] NOGUEIRA, Pedro Henrique. *Negócios Jurídicos Processuais*. 4. ed. Salvador: Juspodivm, 2020, p. 198.

[46] Procedimento de Controle Administrativo (PCA) nº 0003251-94.2016.2.00.0000.

[47] Parece ter sido esta a compreensão da comissão de juristas ao aprovarem o Enunciado nº 19 do FPPC: "(art. 190) São admissíveis os seguintes negócios processuais, dentre outros: [...] previsão de meios alternativos de comunicação das partes entre si [...]".

exclusivamente praticados por meio eletrônico e remoto, por intermédio da rede mundial de computadores.[48]

De acordo com o art. 3º da Resolução nº 345/2020 do CNJ, a adesão ao "Juízo 100% Digital" é facultativa e deve ser manifestada pelo autor na petição inicial; o réu, por sua vez, terá até a contestação para se opor ao mecanismo. Parece-nos se tratar de verdadeiro negócio jurídico processual celebrado entre o magistrado e as partes, para modificação da forma de efetivação dos atos processuais, alinhando-se perfeitamente ao escopo do art. 190 do CPC/2015.

Nada obstante, vislumbra-se possível a celebração de pacto de tal gênero com regramento distinto do previsto na Resolução nº 345/2020 do CNJ, estipulado conforme o poder de autorregramento da conferido às partes e, obviamente, sujeito à análise judicial para que atinja sua eficácia, pois é possível que o juízo não disponha de estrutura que comporte a implementação prática do ajuste.

4.3 Pacto de submissão do litígio a mecanismos de resolução *on-line* de disputas – ODR

A virtualização de atos ou etapas procedimentais pode ser concretizada, ainda, pela convenção processual de submissão do litígio a ferramentas de resolução *on-line* de disputas – ODR[49] –, ambientes propícios ao tratamento adequado[50] de demandas pelas vias da negociação, mediação e conciliação.

Daniel Arbix e Andrea Maia, ao discorrerem sobre o potencial de ampliação do acesso à justiça via utilização da ODR, enfatizam a aproximação e a interação diferenciada que os meios virtuais podem promover, otimizando, em certos casos, a solução do conflito:

---

[48] Art. 1º. Parágrafo único, Resolução nº 345/2020 do CNJ.
[49] Forma abreviada da expressão em língua inglesa "online dispute resolution".
[50] Como cediço, nem sempre a resolução adjudicatória se mostra a mais adequada para solucionar todos os casos. É preciso instituir uma política de tratamento adequado de conflitos que prestigie não apenas o acesso à justiça, mas que extraia da solução o resultado mais efetivo para a sociedade (MAZZEI, Rodrigo; CHAGAS, Bárbara Seccato Ruis. Métodos ou tratamento adequados dos conflitos? *Revista Jurídica da Escola Superior de Advocacia da OAB-PR*, Curitiba, v. 1, 2018, p. 334).

Em primeiro lugar, pode fazer isso simplesmente ao transpor, para a internet e a telefonia móvel, os conflitos cuja resolução antes dependia de encontros presenciais entre as partes e eventuais agentes neutros, como conciliadores, mediadores, árbitros e juízes. Sem essencialmente alterar a prestação jurisdicional, os serviços de ADR ou a interação entre partes que visam à autocomposição, a ODR pode, nestas bases, viabilizar a conclusão de disputas, encurtar distâncias, reduzir os custos e aumentar a celeridade dos desfechos almejados pelas partes (ou a elas impostos). Exemplificam esta possibilidade a arbitragem e a mediação realizadas por videoconferência, telefone ou e-mail, sem audiências presenciais.[51]

Apesar de o tratamento de conflitos via ODR não envolver necessariamente o aparato da justiça estatal, não há como negar que ela faz parte do sistema de justiça, despontando como um dos caminhos existentes para a tutela de direitos.[52] Não é despiciendo recordar, ainda, que o próprio CPC/2015 alçou ao *status* de norma fundamental[53] a promoção, pelo Estado, da solução consensual de conflitos, impondo aos juízes, advogados, defensores públicos e membros do Ministério Público o estímulo à utilização da conciliação, mediação e outros mecanismos de solução de conflitos, entre os quais se situa a ODR.

Pode ainda ocorrer a conjugação de ferramentas para a solução virtual de conflitos com a tutela jurisdicional estatal, a partir da iniciativa do Poder Judiciário ou da atividade autorregulatória das próprias partes, via negócio jurídico processual.

A princípio, não se vislumbra impedimento para a estipulação, em negócio processual, de submissão prévia de conflitos que envolvam direitos patrimoniais disponíveis a mecanismos de ODR. Igual sorte se verifica na hipótese de celebração de convenção processual após ajuizada a ação judicial, com o fito de suspensão do processo para a deflagração de tratamento paralelo via ODR. Se há a possibilidade de celebração de convenção de arbitragem – que é um negócio jurídico

---

[51] ARBIX, Daniel; MAIA, Andrea. Uma introdução à resolução on-line de disputas. *Revista de Direito e as Novas Tecnologias*, São Paulo, v. 3, abr./jun. 2019, p. 120.
[52] SOARES, Marcos José Porto. Uma teoria para a resolução online de disputas (online dispute resolution – ODR). *Revista de Direito e Novas Tecnologias*, São Paulo, v. 8, jul./set. 2020, p. 111-112.
[53] Art. 3º, §§2º e 3º do CPC/2015.

processual, frise-se – para a utilização desta como método de solução de conflitos que envolvam direitos patrimoniais disponíveis, não seria razoável negar a possibilidade de acordo processual para submissão prévia do conflito a ferramentas de ODR, igualmente pertencentes ao sistema de justiça e estimuladas pelo Estado.

Em conflitos que envolvam direitos indisponíveis, no entanto, parece haver restrição para a utilização de convenções processuais que imponham a tratativa prévia do conflito em ambientes de ODR. Mas, ainda assim, entendemos como possível compatibilizar a tutela jurisdicional com a resolução *on-line* de disputas na hipótese em que ambas tramitem em paralelo, ou seja, sem necessidade de se aguardar o desfecho da solução alternativa *on-line* para início e prestação da atividade jurisdicional estatal.

O Direito do Consumidor, marcado por normas de ordem pública e indisponíveis, nos fornece um bom referencial para análise de validade de cláusulas contratuais que estipulem a submissão de eventual conflito a mecanismo de ODR, em paralelo à distribuição da demanda judicial.

De acordo com Claudia Lima Marques, as normas de proteção do consumidor "[...] aparecem como instrumento do direito para restabelecer o equilíbrio, para restabelecer a força da 'vontade', das expectativas legítimas do consumidor, compensando, assim, sua vulnerabilidade fática".[54] Nesse sentido, o Código de Proteção e Defesa do Consumidor – CDC – estabelece, em seu art. 51, as cláusulas abusivas, dispondo que são nulas de pleno direito, entre outras, as que determinem a utilização compulsória da arbitragem (inc. VII), hipótese considerada por parte da doutrina como limitativa do acesso à justiça.[55] [56]

---

[54] MARQUES, Claudia Lima. *Contratos no código de defesa do consumidor*: o novo regime das relações contratuais. 6. ed. São Paulo: Revista dos Tribunais, 2011, p. 933.

[55] Confira-se: MARQUES, Claudia Lima. *Contratos no código de defesa do consumidor*: o novo regime das relações contratuais. 6. ed. São Paulo: Revista dos Tribunais, 2011, p. 1065.

[56] Nada obstante, Fatima Nancy Andrighi considera válida a utilização da via arbitral quando já instaurado o conflito: "Proibiu-se, com isso, a adoção prévia e compulsória da arbitragem no momento da celebração do contrato. No entanto, é possível que, posteriormente, quando já configurado o conflito, havendo consenso entre o consumidor e o fornecedor, seja instaurado o procedimento arbitral" (ANDRIGHI, Fátima Nancy. Arbitragem nas relações de consumo: uma proposta concreta. *Revista de Arbitragem e Mediação*, Brasília, ano 3, n. 9, abr./jun. 2006, p. 17).

Assim, perquire-se se a fixação, em contrato consumerista de adesão, de cláusula prevendo negócio jurídico processual de submissão compulsória de eventual litígio a ferramentas de ODR se subsumiria, por interpretação extensiva, à hipótese de nulidade do inciso VII, do art. 51, do CDC.

Não nos parece padecer de nulidade o negócio jurídico processual nos termos acima delineados, por restar aberta a via para a solução jurisdicional estatal, o que não ocorre quando há instituição da arbitragem. Com a opção pela resolução arbitral, as partes renunciam à justiça estatal, podendo eventual processo ajuizado ser extinto sem resolução do mérito, caso alegado em momento oportuno. O negócio jurídico processual de submissão de litígios de consumo a mecanismos de ODR, a seu turno, não limita o acesso à justiça e como se verá adiante, pode inclusive conviver harmonicamente com a solução estatal.

De fato, recentemente o CNJ firmou importante parceria com a Secretaria Nacional do Consumidor – SENACON – para integração do Portal "Consumidor.gov.br" ao Processo Judicial Eletrônico – PJe. A integração entre os sistemas permite, de maneira concomitante, a distribuição da ação judicial e o cadastro de reclamação no "Consumidor.gov.br", plataforma eletrônica de negociação – verdadeiro método de ODR –, proporcionando alimentação automática do processo judicial com os documentos e resultados da tratativa consensual.

Embora o processo judicial eletrônico fique suspenso no aguardo do desfecho da negociação *on-line*, o acesso à justiça está garantido na medida em que for necessário para salvaguardar os interesses das partes – concessão de tutela provisória de urgência, por exemplo.

Considera-se perfeitamente viável, assim, a estipulação de negócio jurídico processual em contratos de consumo, destinado à utilização de mecanismos *on-line* de solução de conflitos como o Portal "Consumidor.gov.br", iniciativa que além de não violar as normas de proteção ao consumidor, potencializa as chances de que a solução seja mais adequada do ponto de vista do acesso à ordem jurídica justa.

Por derradeiro, importa frisar que a utilização dos mecanismos de ODR, seja qual for a natureza do direito envolvido, não depende da celebração de negócio processual. No entanto, a negociação processual atípica prevendo a utilização de mecanismos alternativos virtuais de solução de conflito, além de atribuir a desejada previsibilidade às relações contratuais, garante a aplicação do pactuado mediante a efetivação de medidas que assegurem o cumprimento de ordem judicial (art. 139, IV, CPC/2015).

5 Conclusão

A virtualização do processo possui aptidão para torná-lo mais eficiente e célere, sobretudo se implementadas as soluções tecnológicas atuais em seu potencial máximo, posto não se poder prescindir, na sociedade da informação, de ferramentas digitais capazes de incrementar os resultados da tutela de direitos.

Apesar do avanço legislativo ocorrido nos últimos anos em relação ao processo eletrônico, pouco se observa em termos de implementação prática de ferramentas que tornem o processo, de fato, virtual, com reflexos não apenas na forma de tramitação dos autos, como na prática dos atos processuais.

Como visto, as iniciativas de implementação de soluções tecnológicas para virtualizar a tutela jurisdicional ainda são escassas no Poder Judiciário, o que nos chama a atenção para a possibilidade de as partes, mediante autorregramento de suas vontades, promoverem os ajustes procedimentais que reputarem adequados para contornar as referidas deficiências e otimizar a solução de seus conflitos.

Pudemos concluir que a negociação processual atípica é alternativa viável à modificação convencional do procedimento visando a prática de atos em meio virtual. Identificamos, nesse ínterim, os protocolos institucionais, os acordos de virtualização de comunicações processuais e audiências e, por fim, a conjugação convencional dos meios de ODR com a tutela jurisdicional como mecanismos que retratam a manifestação do poder de autorregramento da vontade no contexto da virtualização do processo.

As hipóteses reveladas no presente trabalho, longe de representar todas as possibilidades de convenções processuais aptas a virtualizar o processo, indicam que o CPC/2015 conferiu às partes a maleabilidade procedimental necessária para contornarem eventuais dificuldades estruturais do Poder Judiciário e alcançarem a solução de seus conflitos pelo caminho mais adequado às especificidades de suas situações materiais.

Referências

ANDRIGHI, Fátima Nancy. Arbitragem nas relações de consumo: uma proposta concreta. *Revista de Arbitragem e Mediação*, Brasília, ano 3, n. 9, p. 13-21, abr./jun. 2006.

ARBIX, Daniel; MAIA, Andrea. Uma introdução à resolução on-line de disputas. *Revista de Direito e as Novas Tecnologias*, São Paulo, v. 3, p. 118-129, abr./jun. 2019.

CABRAL, Antonio do Passo. *Convenções processuais*: teoria geral dos negócios jurídicos processuais. 3. ed. Salvador: Juspodivm, 2020.

CABRAL, Trícia Navarro Xavier. *Limites da liberdade processual*. São Paulo: Foco, 2019.

CHIOVENDA, Giuseppe. *Instituições de direito processual civil*. Tradução: Paolo Capitanio. v.1. 2. ed. Campinas: Bookseller, 2000.

CONSELHO NACIONAL DE JUSTIÇA – CNJ. *Relatório Justiça em Números 2020* (ano-referência 2019) do Conselho Nacional de Justiça. Disponível em: https://www.cnj.jus.br/wp-content/uploads/2020/08/WEB-V3-Justi%C3%A7a-em-N%C3%BAmeros-2020-atualizado-em-25-08-2020.pdf. Acesso em: 20 dez. 2020.

COUTINHO, Carlos Marden Cabral. Processo eletrônico no novo processo civil: limites e possibilidades democráticas. *Revista de Processo*, São Paulo, v. 284, p. 21-38, out. 2018.

DAMASCENO, Marina. A morte das etapas mortas no e-processo? *Revista de Processo*, São Paulo, v. 286, p. 185-202, dez. 2018.

DANTAS NETO, Renato de Magalhães. Autos virtuais: o novo layout do processo judicial brasileiro. *Revista de processo*, São Paulo, v. 194, p. 173-204, abr. 2011.

DANTAS NETO, Renato de Magalhães. Sobre o processo eletrônico e mudança no paradigma processual: ou não existe ou tudo é paradigma. *Revista de Processo*, São Paulo, v. 240, p. 373-397, fev. 2015.

DIDIER JR., Fredie. *Ensaios sobre os negócios jurídicos processuais*. Salvador: Juspodivm, 2018.

DIDIER JR., Fredie. *Cooperação judiciária nacional*: esboço de uma teoria para o direito brasileiro (arts. 67-69, CPC). Salvador: Juspodivm, 2020.

DIDIER JR., Fredie; CABRAL, Antonio do Passo; CUNHA, Leonardo Carneiro da. *Por uma nova teoria dos procedimentos especiais*: dos procedimentos às técnicas. 2. ed. Salvador: Juspodivm, 2021.

FEITOSA, Andréia Rocha. Apontamentos práticos no peticionamento eletrônico atual. In: FEITOSA, Andréia Rocha (Coord.). *Direito digital e a modernização do judiciário*. São Paulo: LTr, 2015.

LEROY, Guilherme Costa; CORDEIRO, Luiz Felipe de Freitas. A inserção das lawtechs, legaltechs e inteligência artificial no âmbito jurídico: primeiras reflexões sobre o uso da inteligência artificial e os atos do magistrado. In: *Anais de Resumos Expandidos do I Congresso de Ciência, Tecnologia e Inovação*: Políticas e Leis. Anais. Belo Horizonte (MG) Faculdade de Direito da UFMG, 2018, p. 02. Disponível em: https://www.even3.com.br/anais/observalei/131534-A-INSERCAO-DAS-LAWTECHS-LEGALTECHS-E-INTELIGENCIA-ARTIFICIAL-NO-AMBITO-JURIDICO--PRIMEIRAS-REFLEXOES-SOBRE-O-USO. Acesso em: 22 dez. 2020.

HERANI, Renata. Inovação em prol da justiça. *Revista de Direito e as Novas Tecnologias*, São Paulo, v. 6, p. 101-110, jan./mar. 2020.

MARQUES, Claudia Lima. *Contratos no código de defesa do consumidor*: o novo regime das relações contratuais. 6. ed. São Paulo: Revista dos Tribunais, 2011.

MAZZEI, Rodrigo; CHAGAS, Bárbara Seccato Ruis. Métodos ou tratamento adequados dos conflitos? *Revista Jurídica da Escola Superior de Advocacia da OAB-PR*, Curitiba, v. 1, p. 323-350, 2018.

MAZZEI, Rodrigo; CHAGAS, Bárbara Seccato Ruis. Os negócios jurídicos processuais e a arbitragem. *In*: CABRAL, Antonio do Passo; NOGUEIRA, Pedro Henrique (Coord.). *Negócios processuais*. v. 1. 4. ed. Salvador: Juspodivm, 2019.

NOGUEIRA, Pedro Henrique. *Negócios Jurídicos Processuais*. 4. ed. Salvador: Juspodivm, 2020.

REDONDO, Bruno Garcia. *Negócios jurídicos processuais atípicos no Direito Processual Civil brasileiro*: existência, validade e eficácia. 2019. 304 f. Tese (Doutorado em Direito) – Programa de Estudos Pós-Graduados em Direito, Pontifícia Universidade Católica de São Paulo, São Paulo, 2019.

RODRIGUES, Marcelo Abelha. O novo CPC e a tutela jurisdicional executiva (parte 1). *Revista de Processo*, São Paulo, v. 244, p. 87-150, jun. 2015.

SADEK, Maria Tereza; ARANTES, Rogério Bastos. A crise do Judiciário e a visão dos juízes. *Revista USP*, São Paulo, n. 21, p. 34-45, 1994.

SOARES, Marcos José Porto. Uma teoria para a resolução online de disputas (*online dispute resolution* – ODR). *Revista de Direito e Novas Tecnologias*, São Paulo, v. 8, p. 103-118, jul./set. 2020.

STRECK, Lenio Luiz. A Crise da efetividade do Sistema Processual Brasileiro. *Revista Direito em Debate*, Rio Grande do Sul, v. 1, n. 5, p. 64-75, 1995.

YARSHELL, Flávio Luiz. Convenções das partes em matéria processual. *In*: CABRAL, Antonio do Passo; NOGUEIRA, Pedro Henrique (Coord.). *Negócios processuais*. v. 1. 4. ed. Salvador: Juspodivm, 2019.

Informação bibliográfica deste texto, conforme a NBR 6023:2018 da Associação Brasileira de Normas Técnicas (ABNT):

BUFULIN, Augusto Passamani; VILARINHO, Tiago Aguiar. Negócios jurídicos processuais e a virtualização do processo. *In*: BUFULIN, Augusto Passamani (Coord.). *Questões atuais de Direito Público*. Belo Horizonte: Fórum, 2022. p. 59-80. ISBN 978-65-5518-302-3.

II

DIREITO PENAL

OS ASPECTOS DA LEI Nº 12.737/2012 E A CONSTATAÇÃO DO AUMENTO DA INCIDÊNCIA DA PRÁTICA DE DELITOS DE FRAUDE ELETRÔNICA CONTRA O PATRIMÔNIO DURANTE A PANDEMIA DA COVID-19

FERNANDO DA FONSECA RESENDE RIBEIRO

1 Introdução

O avanço tecnológico é um marco da atualidade. A facilidade tecnológica acabou por transformar a nossa sociedade. Novas profissões surgiram e outras ainda vão surgir. É nesse cenário de avanços que os debates acadêmicos mais atuais têm dedicado parte significativa dos estudos, inclusive os denominados operadores do direito 4.0 se apresentam como profissionais que interligam os estudos das ciências jurídicas ao campo tecnológico.

O fenômeno da criminalidade, como parte integrante do fenômeno social, não poderia também deixar de ser estudado. O delito, como se sabe, não é só um fenômeno social propriamente dito. Ele ocupa lugar de relevância na evolução das relações sociais, ao ponto que serve de norte para regular as condutas que precisam e necessitam de controle.

Logo, tema importante é o estudo dos delitos informáticos, definidos como aqueles que são praticados em ambiente virtual ou aqueles praticados contra os dispositivos informáticos próprios, como computadores, discos de armazenamento e outros.

O presente artigo tem como objetivo o estudo dos bens jurídicos tutelados quando da prática dos delitos informáticos. Para tanto, será dedicada sessão específica para o debate acerca da violação do bem jurídico específico e sua relação com as regras e princípios do direito penal, bem como a apresentação da distinção conceitual entre os delitos informáticos próprios e os impróprios.

Como será devidamente apontado, o traço distintivo entre os delitos informáticos próprios e os delitos informáticos impróprios é que, naqueles, os atos delitivos são praticados contra o computador da vítima ou dados nele inseridos, já nestes, as condutas criminosas são praticadas por intermédio de um dispositivo eletrônico vinculado à *internet*, ou seja, são as práticas de delitos comuns como furto e estelionato, apenas transportando o *modus operandi* para a rede mundial ou mundo virtual.

Em seguida, destacaremos como um delito informático próprio o crime previsto no artigo 154-A do Código Penal brasileiro, que é o crime de invasão de dispositivo informático, introduzido pela Lei nº 12.737/12. Além da análise dos elementos constitutivos do tipo penal em estudo, iremos abordar uma síntese crítica do texto legal, aprovado em face das pressões populares e da mídia, até por este motivo, a indicada Lei ficou conhecida como Lei Carolina Dieckmann.

Por fim, na última sessão, destacaremos os crimes informáticos impróprios consistentes em fraude eletrônica contra o patrimônio, especificamente os delitos de furto virtual e estelionato eletrônico. Apresentaremos as recentes notícias sobre o aumento da incidência dessas condutas criminosas diante da mudança do comportamento social causado pela pandemia da Covid-19.

Objetivando desenvolver o presente artigo, será adotada a pesquisa de consulta bibliográfica, com recortes empíricos, especificamente. Como referencial teórico, tem-se a obra de Emerson Wendt e Higor Vinicius Nogueira Jorge, com o acompanhamento de Fernando José da Costa para fundamentar a análise dos delitos informáticos. Relacionado ao estudo do bem jurídico tutelado e a análise dos crimes em espécie, utilizaremos como referencial teórico Eugênio Raul Zaffaroni, Cezar Roberto Bitencourt e Cleber Masson.

Por fim, não se busca com o artigo o exaurimento do tema, mas a reflexão científica de como a evolução tecnológica muda o comportamento social, inclusive com reflexo quase que imediato na prática de infrações penais, que na maioria das vezes já tem até previsão legal, mudando apenas a forma como o delito será executado, o que cria um desafio maior para a adequação do comportamento da vítima e dos órgãos integrantes do sistema de segurança pública com as polícias, Ministério Público e o Poder Judiciário.

2 Conceituação dos delitos informáticos

Cabe inicialmente delimitar alguns conceitos básicos para alinhamento com o objetivo do presente artigo. Ao propor uma conceituação dos delitos informáticos não restringimos a amplitude do conceito apenas na seara do direito penal. A definição de um conceito para os denominados delitos informáticos tem apenas aqui o intuito acadêmico de melhor esclarecer a referida terminologia. É comum na doutrina referências como "crimes cibernéticos"; "delitos digitais" e "crimes de computador", porém referidos conceitos, ao que nos parece, fogem da tecnicidade necessária para a correta classificação dos delitos informáticos diante da afetação do bem jurídico tutelado.

Antes da definição indicada, inafastável é a análise do princípio da subsidiariedade do direito penal, ou seja, o referido princípio é a expressão da finalidade de *ultima ratio* do direito penal, e está intimamente ligado à necessidade de proteção dos bens jurídicos.

Silva ratifica o entendimento acima ao afirmar a necessidade de construção de normas jurídicas incriminadoras coerentes e de efetivo controle do poder estatal, com relação íntima com o conteúdo do bem jurídico que terá a proteção.[1]

Desta forma, Zaffaroni apresenta um conceito tradicional de bem jurídico tutelado:

> [...] Se tivéssemos que dar uma definição a ele, diríamos que bem jurídico penalmente tutelado é a relação de disponibilidade de um indivíduo com um objeto, protegida pelo Estado, que revela seu interesse mediante a tipificação de condutas que o afetam.[2]

A doutrina normalmente classifica os bens jurídicos tutelados de acordo com o seu grau de afetação ou intensidade de afetação,

---

[1] SILVA, Rita de Cássia Lopes da. A informação como bem jurídico-penal e o sistema informático. In: PRADO, Luiz Regis (Org.). *Direito Penal Contemporâneo*: estudos em homenagem ao professor José Cerezo Mir. São Paulo: Revista dos Tribunais, 2007, p. 367-376.
[2] ZAFFARONI, Eugênio Raul. *Manual de Direito Penal Brasileiro*: parte geral. 5. ed. rev. e atual. São Paulo: Revista dos Tribunais, 2004, p. 439.

uma vez que se trata sempre de uma conduta dirigida ao sujeito passivo pelo sujeito ativo. Zaffaroni explica que:

> Quanto à intensidade de ofensa dos bens jurídicos afetados, os tipos dividem-se em qualificados, que podem ser qualificados agravados ou qualificados atenuados, sempre em relação a um tipo básico ou fundamental. [...] Um dos caminhos seguidos pela lei para agravar ou atenuar delitos é o que expusemos, ou seja, atendendo ao maior ou menor grau de intensidade de afetação ao bem jurídico.[3]

Desta forma, cabe ao legislador, no momento de definir uma conduta social como reprovável, dosar, verificar a proporcionalidade entre a afetação ao bem jurídico tutelado e a resposta jurisdicional que o direito penal dará no momento do cometimento da infração penal.

Mas essa não é a única percepção de bem jurídico. No momento da aplicação da norma, o intérprete, além de observar essas características mencionadas acima, será necessário avaliar se a lesão ao bem jurídico afetado foi grave, concreta, transcendental e intolerável.

Como o campo de violação ao bem jurídico tutelado no ambiente virtual é dilatado, percebe-se uma afetação variada a diversos bens jurídicos que atualmente já são protegidos pelo direito penal. Neste sentido, aponta Silva que a busca pela distinção de qual bem jurídico foi efetivamente afetado pela ação ou omissão, dolosa ou culposa praticada no ambiente virtual, deve ser o objeto da tutela efetiva do direito penal.[4]

Por este motivo, conclui Silva que "os delitos praticados com o uso do sistema informático, de regra, tem-se como bem jurídico tutelado a informação. No entanto, esta informação poderá traduzir-se em patrimônio, se a ação for ofensa ao patrimônio; em honra, se ofenderem a honra",[5] caracterizando, assim, uma distinção bem clara de qual será o bem jurídico a ser protegido.

---

[3] ZAFFARONI, Eugênio Raul. *Manual de Direito Penal Brasileiro*: parte geral. 5. ed. rev. e atual. São Paulo: Revista dos Tribunais, 2004, p. 444.

[4] SILVA, Rita de Cássia Lopes da. A informação como bem jurídico-penal e o sistema informático. *In*: PRADO, Luiz Regis (Org.). *Direito Penal Contemporâneo*: estudos em homenagem ao professor José Cerezo Mir. São Paulo: Revista dos Tribunais, 2007, p. 367-376.

[5] SILVA, Rita de Cássia Lopes da. A informação como bem jurídico-penal e o sistema informático. *In*: PRADO, Luiz Regis (Org.). *Direito Penal Contemporâneo*: estudos em

A Convenção de Budapeste, celebrada na Hungria em 23 de novembro de 2001, conforme cita Fernandes,[6] foi um marco mundial no combate e proteção contra os crimes praticados no ambiente virtual. Seu objetivo era propor uma legislação comum entre os signatários que visasse a padronização das condutas tipificadas, bem como as respectivas punições. Mesmo o Brasil somente aderindo a referida convenção no ano de 2020, vários diplomas legislativos foram concebidos com inspiração nos preceitos definidos na Convenção.

Merece destaque as seguintes tipificações apresentadas na referida Convenção, cuja amplitude servirá de base para a conceituação de crimes cibernéticos.

> 1) Infrações contra a confidencialidade, integridade e disponibilidade dos dados e sistemas informáticos: a) acesso doloso e ilegal a um sistema de informática; b) interceptação ilegal de dados ou comunicações telemáticas; c) atentado à integridade dos dados (conduta própria de um subgrupo hacker, conhecido como cracket); d) atentado à integridade de um sistema; e) produção, comercialização, obtenção ou posse de aplicativos ou códigos de acesso que permitam a prática dos crimes acima indicados.
> 2) Infrações informáticas: a) falsificação de dados; b) estelionatos eletrônicos (*v.g.*, os phishing scams).
> 3) Infrações relativas ao conteúdo: a) pornografia infantil (produção, oferta, procura, transmissão e posse de fotografias ou imagens realistas de menores ou de pessoas que aparecem como menores, em comportamento sexual explícito); b) racismo e xenofobia (difusão de imagens, ideias ou teorias que preconizem ou incentivem o ódio, a discriminação ou a violência contra uma pessoa ou contra um grupo de pessoas, em razão da raça, religião, cor, ascendência, origem nacional ou étnica; injúria e ameaças qualificadas pela motivação racista ou xenófoba; negação, minimização grosseira, aprovação ou justificação do genocídio ou outros crimes contra a humanidade);
> 4) Atentado à propriedade intelectual e aos direitos que lhe são conexos.[7]

---

homenagem ao professor José Cerezo Mir. São Paulo: Revista dos Tribunais, 2007. p. 367-376

[6] FERNANDES, David Augusto. Crimes cibernéticos: o descompasso do estado e a realidade. *Revista da Faculdade de Direito da UFMG*, [S.l.], n. 62, p. 139-178, jul. 2013. ISSN 1984-1841. Disponível em: https://revista.direito.ufmg.br/index.php/revista/article/view/P.0304-2340.2013v62p139/248. Acesso em: 19 dez. 2020

[7] FERNANDES, David Augusto. Crimes cibernéticos: o descompasso do estado e a realidade. *Revista da Faculdade de Direito da UFMG*, [S.l.], n. 62, p. 139-178, jul. 2013. ISSN 1984-1841. Disponível em: https://revista.direito.ufmg.br/index.php/revista/article/view/P.0304-2340.2013v62p139/248. Acesso em: 19 dez. 2020.

Como já apontado acima, a doutrina ainda diverge acerca da correta nomenclatura dos delitos informáticos ou crime informático. Em pesquisa sobre o tema, podemos observar o reiterado uso da expressão "crimes cibernéticos", inclusive é a denominação utilizada por Wendt e Jorge,[8] que convencionaram a utilização dessa terminologia para a definição dos crimes praticados contra ou por intermédio de instrumentos eletrônicos ou equipamentos informáticos.

Cabe, porém, o registro que essa conceituação ou definição não se alinha de forma adequada, ao objeto jurídico tutelado e ainda pode gerar dúvidas ao intérprete e aplicador da lei penal no caso concreto. Ora, sabemos que a informática é o ramo da ciência que estuda dados automatizados e todas as suas consequências, sendo assim mais adequado a utilização da expressão *delitos informáticos* para melhor definir as condutas criminosas praticadas no ambiente virtual.

> A ciência que tem como objeto de estudo as informações automatizadas (dados) é a Informática. A informática é a ciência que estuda os meios para armazenar, processar e transmitir dados, isto é, para registrar, manipular e transmitir informações de forma automatizada.[9]

Por estas razões aderimos à denominação delitos informáticos como a mais adequada em face do bem jurídico que se tutela. Sabemos, entretanto, que essa designação não se restringe apenas àqueles delitos que são praticados exclusivamente no ambiente virtual, mas também alcança aquelas práticas criminosas que acabaram por migrar do ambiente físico para o virtual, por exemplo, os delitos de fraude eletrônica.

Vianna sugere a classificação dos delitos informáticos em delitos informáticos próprios e delitos informáticos impróprios.[10] O

---

[8] WENDT, Emerson; JORGE, Higor Vinicius Nogueira. *Crimes Cibernéticos*: ameaças e procedimentos de investigação. 2. ed. Rio de Janeiro: Brasport, 2013. Disponível em: https://books.google.com.br/books?id=iGY-AgAAQBAJ&lpg=PA1&dq=configura%C3%A7%C3%A3o%20de%20novos%20crimes%20ciberneticos&lr&hl=pt-BR&pg=PA19#v=onepage&q&f=false. Acesso em: 10 dez. 2020.

[9] VIANNA, Túlio Lima. *Fundamentos de direito penal informático*. Rio de Janeiro: Forense, 2003, p. 33. Disponível em: file:///E:/Usu%C3%A1rios/Downloads/Fundamentos_de_Direito_Penal_Informatico.pdf. Acesso em: 20 dez. 2020.

[10] VIANNA, Túlio Lima. *Fundamentos de direito penal informático*. Rio de Janeiro: Forense, 2003. Disponível em: file:///E:/Usu%C3%A1rios/Downloads/Fundamentos_de_Direito_Penal_Informatico.pdf. Acesso em: 20 dez. 2020.

primeiro é definido como aquele em que a afetação ao bem jurídico tutelado é a inviolabilidade dos dados, a exemplo do que ocorre com o crime previsto no artigo 154-A do Código Penal. Já o segundo é quando o ambiente virtual, seja através de um computador, *smartphone* ou outro instrumento conectado à *internet*, é utilizado como instrumento para a efetivação da conduta criminosa, aqui localizando-se os delitos de fraude eletrônica patrimonial.

> Nos crimes informáticos próprios a informática serve como meio e fim almejado pelo agente. Neste prisma, se não criarmos legislação específica, pelo princípio da anterioridade da lei penal, não haverá como punir o responsável pelas condutas ilícitas praticadas pelo computador. [...] Dos crimes informáticos próprios, ofensivos contra o computador ou dados nele contidos ou por ele fabricado, podem-se destacar aqueles que atentam contra a inviolabilidade dos dados, das telecomunicações, do *hardware*, do *software*, das correspondências eletrônicas conhecidas como *e-mail*, do bom funcionamento dos sistemas operados por computador, da segurança nacional, dentre tantos outros.[11]

É nesse contexto dos crimes informáticos próprios que iremos abordar, na sessão seguinte a edição da Lei nº 12.737/2012 e a criação de tipo penal próprio de invasão de dispositivo informático. E aqui, percebe-se que o legislador opta por usar a expressão dispositivo informático, ratificando que a melhor definição é realmente "delitos informáticos".

Por fim, quanto aos delitos informáticos impróprios, define Costa como sendo o crime comum, já definido pela legislação criminal, mas que é praticado por intermédio de um dispositivo eletrônico vinculado à *internet*.

> Quanto aos crimes comuns, praticados através de computador ou aparelho ligado na *internet* como um *ipad* ou um telefone móvel, denominados crimes informáticos impróprios, melhor solução, conforme outrora já explanado, seria que também tivessem alterações legislativas, como punição superior da mesma forma como ocorre nos crimes contra o patrimônio praticados por funcionário público.

---

[11] COSTA, Fernando José da. *Locus delicti nos crimes informáticos*. 2011. Tese (Doutorado em Direito Penal) – Faculdade de Direito, Universidade de São Paulo, São Paulo, 2011. p. 77. Disponível em: http://www.teses.usp.br/teses/disponiveis/2/2136/tde-24042012-112445/pt-br.php. Acesso em: 11 dez. 2020.

Criar legislação específica é aumentar, desnecessariamente, legislação existente.[12]

Aqui concordamos com o autor em referência. Não vemos necessidade de alteração legislativa para aplicação de penalidades quando constatada prática de delitos informáticos impróprios, já que não é caso de analogia in malam partem, mas sim modificação do *modus operandi* da prática das condutas já previstas e punidas pelo legislador. A única diferença entre um furto cometido, *v.g.*, em um transporte coletivo e um furto praticado, *v.g.*, no ambiente virtual, é o local da prática da conduta, fato este irrelevante para a caracterização do tipo penal em abstrato.

Conforme veremos em sessão destinada aos crimes de fraude eletrônica contra o patrimônio, apenas é recomendado, por parte da doutrina, em princípio, um tratamento punitivo diferenciado para os sujeitos ativos que praticam essa modalidade de delitos, tendo em vista o crescente aumento da incidência da prática desses crimes, principalmente no atual momento de pandemia vivenciado no mundo.

3 A edição da Lei nº 12.737/2012 e a aplicação nos delitos informáticos próprios

A Lei nº 12.737/2012 é considerada um dos marcos legislativos no combate aos delitos informáticos próprios. Masson contextualiza a edição da lei ao fato relacionado ao vazamento de 36 (trinta e seis) fotos da atriz Carolina Dieckman, que nomina a lei. Informa o autor que teria ocorrido uma invasão do computador pessoal da atriz, culminando com a extração e divulgação das fotos. Os autores dos fatos foram indiciados por vários crimes comuns como extorsão, difamação e furto, mas com relação ao delito informático próprio de invasão do computador, havia, naquele momento, uma lacuna legislativa, que posteriormente fora suprida.[13]

---

[12] COSTA, Fernando José da. *Locus delicti nos crimes informáticos*. 2011. Tese (Doutorado em Direito Penal) – Faculdade de Direito, Universidade de São Paulo, São Paulo, 2011. p. 79. Disponível em: http://www.teses.usp.br/teses/disponiveis/2/2136/tde-24042012-112445/pt-br.php. Acesso em: 11 dez. 2020.

[13] MASSON, Cleber. *Direito Penal*: parte especial (arts. 121 a 212). 11. ed. Rio de Janeiro: Forense, 2018.

Observe que a conduta criminosa que teria supostamente motivado a invasão do computador da atriz teve o devido enquadramento penal, por se tratar de delito informático impróprio. Ou seja, não foi identificado vazio legislativo no que tange a condutas graves perpetradas após a apropriação das fotos pessoais da atriz. O que o legislador percebeu é que havia a necessidade de se punir o ato anterior ao furto e à extorsão, qual seja, punir a própria invasão de dispositivo informático, o que caracterizaria a criação de um tipo penal informático próprio.

Assim define o artigo 154-A do Código Penal, criado pela Lei nº 12.737/2012, que apenas incluiu este crime no ordenamento jurídico. Vejamos:

Invasão de dispositivo informático
Art. 154-A. Invadir dispositivo informático alheio, conectado ou não à rede de computadores, mediante violação indevida de mecanismo de segurança e com o fim de obter, adulterar ou destruir dados ou informações sem autorização expressa ou tácita do titular do dispositivo ou instalar vulnerabilidades para obter vantagem ilícita:
Pena - detenção, de 3 (três) meses a 1 (um) ano, e multa.
§1º Na mesma pena incorre quem produz, oferece, distribui, vende ou difunde dispositivo ou programa de computador com o intuito de permitir a prática da conduta definida no caput.
§2º Aumenta-se a pena de um sexto a um terço se da invasão resulta prejuízo econômico.
§3º Se da invasão resultar a obtenção de conteúdo de comunicações eletrônicas privadas, segredos comerciais ou industriais, informações sigilosas, assim definidas em lei, ou o controle remoto não autorizado do dispositivo invadido:
Pena – reclusão, de 6 (seis) meses a 2 (dois) anos, e multa, se a conduta não constitui crime mais grave.
§4º Na hipótese do §3º, aumenta-se a pena de um a dois terços se houver divulgação, comercialização ou transmissão a terceiro, a qualquer título, dos dados ou informações obtidos.
§5º Aumenta-se a pena de um terço à metade se o crime for praticado contra:
I – Presidente da República, governadores e prefeitos;
II – Presidente do Supremo Tribunal Federal;
III – Presidente da Câmara dos Deputados, do Senado Federal, de Assembleia Legislativa de Estado, da Câmara Legislativa do Distrito Federal ou de Câmara Municipal; ou
IV – dirigente máximo da administração direta e indireta federal, estadual, municipal ou do Distrito Federal.

O novel delito informático próprio foi corretamente inserido na seção IV, cujo objeto jurídico tutelado específico é a inviolabilidade dos segredos, na sua vertente genérica da proibição da violação da liberdade individual.

> O bem jurídico protegido, sob o aspecto genérico, continua sendo, também neste novo artigo, a liberdade individual, aliás, está inserto exatamente no capítulo que trata dos crimes contra a liberdade individual (arts. 146 a 154), mas, mais especificamente, na seção que trata dos crimes contra a inviolabilidade dos segredos (seção IV). Cuidava referida seção da divulgação de segredo e da violação do segredo profissional, sendo acrescida, agora, da incriminação de condutas que violam dados ou dispositivos informáticos, e, implicitamente, protege segredos ou sigilos pessoais e profissionais, cuja divulgação pode causar dano a outrem. A proteção de dados e dispositivos informáticos e, especialmente, dos conteúdos que armazenam é uma exigência fundamental da atual vida social informatizada, que deve ser respeitada como princípio de ordem pública. Em outros termos, a proteção penal, contudo, não é da rede mundial de computadores, mas da privacidade individual, pessoal ou profissional do ofendido.[14]

Pela dicção do tipo penal infere-se que o objeto material do delito é o dispositivo informático alheio, conforme indica a primeira parte do *caput* do art. 154-A do Código Penal. Masson apresenta uma divisão destes dispositivos em quatro grupos.

> Os dispositivos informáticos dividem-se basicamente em 4 (quatro) grupos:
> a) dispositivos de processamento: são responsáveis pela análise de dados, com o fornecimento de informações, visando a compreensão de uma informação do dispositivo de entrada para envio aos dispositivos de saída ou de armazenamento. Exemplos: placas de vídeo e processadores de computadores e smartphones;
> b) dispositivos de entrada: relacionam-se à captação de dados (escritos, orais ou visuais). Exemplos: teclados, microfones e webcam;
> c) dispositivos de saída: fornecem uma interface destinada ao conhecimento ou captação, para outros dispositivos, da informação (escrita, oral ou visual) produzida no processamento. Exemplos: impressoras e monitores; e
> d) dispositivos de armazenamento: dizem respeito à guarda de dados

---

[14] BITENCOURT, Cezar Roberto. *Tratado de Direito Penal*: parte especial (arts. 121 a 154-b). 18. ed. São Paulo: Saraiva Educação, 2018, p. 492.

ou informações para posterior análise. Exemplos: pendrives, HDs (hard disks) e CDs (discos compactos).[15]

Apenas como destaque à citação acima, percebe-se que o legislador não condicionou a prática do delito ao fato do dispositivo informático estar ou não conectado com a *internet*. Até porque os dispositivos de armazenamento podem ser acessados independente de conexão com a rede mundial.

Cabe ainda a menção que o crime de invasão de dispositivo informático é formal, definindo a consumação com a prática da conduta, independente do resultado, como afirma Greco ao indicar que, no momento que o agente consiga invadir o dispositivo informático alheio, restará consumado o delito.[16] Masson classifica esse delito como sendo "crime formal, de consumação antecipada ou de resultado cortado".[17] Logo, a consumação ocorre com o simples ato de invadir o dispositivo informático alheio.

Trata o crime de espécie indicada como crime comum, sob o viés do sujeito ativo, podendo ser praticado por qualquer pessoa. Destacamos apenas quanto ao sujeito passivo a aplicação da qualidade especial prevista no §5º do artigo 154-A, já que o legislador reservou penalidade diferenciada para quem comete este crime em face das pessoas ali indicadas.

Por fim, quanto à análise dos elementos do tipo penal, destaca-se a opinião de Bitencourt ao indicar que o delito informático próprio, introduzido pela Lei nº 12.737/2012, é, em verdade, um tipo penal anormal, posto que contém um elemento normativo especial de antijuridicidade.

> Não se trata de crime comum, com descrição tradicional, puramente objetiva, mas de tipo anormal, contendo um elemento normativo especial da antijuridicidade, qual seja, mediante violação indevida de mecanismo de segurança. Assim, o tipo penal é aberto e exige um juízo de valor para complementar a análise da tipicidade. Aliás, é um tipo semiaberto, ou

---

[15] MASSON, Cleber. *Direito Penal*: parte especial (arts. 121 a 212). 11. ed. Rio de Janeiro: Forense, 2018, p. 330.
[16] GRECO, Rogério. *Curso de Direito Penal*: parte especial (artigos 121 a 212 do Código Penal). 15. ed. Niterói: Impetus, 2018.
[17] MASSON, Cleber. *Direito Penal*: parte especial (arts. 121 a 212). 11. ed. Rio de Janeiro: Forense, 2018, p. 332.

seja, nem aberto nem fechado, pois ao mesmo tempo que abre com a locução 'mediante violação indevida', fecha com a complementação 'de mecanismo de segurança', limitando, portanto, o âmbito da violação.[18]

O primeiro destaque é a elementar do tipo "mediante violação indevida de mecanismo de segurança". Essa elementar inserida pelo legislador acabou possibilitando interpretações no sentido de excluir a tipicidade penal quando os usuários não possuírem mecanismos de segurança instalados em seus dispositivos. Na hipótese do usuário, sujeito passivo em potencial, não possuir instalado em seu equipamento dispositivo ou mecanismo de segurança, outra interpretação não há que pela caracterização da atipicidade do fato, o que causa uma grande insegurança jurídica.

Outro ponto que nos chama a atenção é a ausência de previsão de inserção como sujeito ativo do crime o indivíduo que compartilha o material coletado pelo invasor. Claro, aqui não estamos a avaliar qual é a natureza deste material compartilhado, uma vez que o artigo 218-C do Código Penal, por exemplo, pune aquele que divulga cena de estupro ou cena de estupro de vulnerável, cena de sexo ou de pornografia.

A crítica é que o legislador apenas se preocupou com o sujeito que invade o dispositivo informático alheio, mas poderia sim ter reservado também previsão de penalidade para aquele que compartilha o material adquirido com a invasão.

Uma das justificativas para essas críticas ao texto legislativo, é o comentado por Sica que pontuou fato relacionados ao processo legislativo da Lei nº 12.737/2012, a denominada Lei Carolina Dieckman. Vejamos:

> Nessa linha, o Marco Civil viria para definir os parâmetros regulatórios essenciais, colocando em destaque os bens jurídicos mais relevantes e mais expostos na rede, etapa essencial para a eventual criminalização de condutas. Porém, legisladores e outros atores sociais não resistiram à oportunidade de promoção criada pelo infeliz episódio envolvendo a atriz global.[19]

---

[18] BITENCOURT, Cezar Roberto. *Tratado de Direito Penal*: parte especial (arts. 121 a 154-b). 18. ed. São Paulo: Saraiva Educação, 2018, p. 549.

[19] SICA, Leonardo. Lei Carolina Dieckmann: aspectos penais. *Carta Forense*. São Paulo, p. 2. 03 jun. 2013. Disponível em: http://www.cartaforense.com.br/conteudo/artigos/lei-carolina-dieckmann--aspectos-penais/11242. Acesso em: 08 dez. 2020.

Segue o autor expondo que a lei em referência teve a sua aprovação de forma especialmente promocional, distanciando a sua edição dos requisitos necessários de abstração e generalidade, legitimando o tão combatido modelo de política criminal maximalista do movimento lei e ordem.[20]

É inegável que o discurso midiático da violência e o fato da vítima ser pessoa pública e de amplo alcance social, tem também como consequência a criação de um medo coletivo, caracterizado pelo imaginário social na possível transformação do telespectador em potencial vítima futura do delito, havendo, assim, uma convergência de sentimentos entre a vítima efetiva do delito exposto pela mídia, e o público, que se põe na qualidade de potencial vítima também daquele delito. É o que se denomina comumente de espetáculo da violência e a superestimação do risco real a ser futuramente enfrentado pelas pessoas comuns.

Karam sintetiza bem este sentimento, narrando que:

> Os habitantes da era digital já se acostumaram a apreender o real através da intermediação midiática, já se acostumaram a trocar as experiências diretas da realidade pelas experiências do espetáculo da realidade, a trocar até mesmo sua identificação, sua comunicação e muitos de seus afetos por vivências transmitidas e emoções formadas pela Internet, pela televisão, pelas revistas, pelos jornais. As condutas criminalizadas passam a se, assim, apreendidas através deste espetáculo da realidade, que se torna mais próximo do que a própria realidade, dando àquelas condutas uma dimensão fantasiosa e artificialmente criadora de pânico e histerias, alimentadores da demanda de maior repressão.[21]

O legislador, aproveitando-se do clamor popular e do populismo, inicia o processo legislativo como possível resposta para a sociedade. Ocorre que é recorrente a imprecisão no momento da descrição do tipo penal, expondo falhas que somente serão percebidas com a publicação da norma penal incriminadora, já que, nestes casos, a velocidade na edição da lei é o que impera.

---

[20] SICA, Leonardo. Lei Carolina Dieckmann: aspectos penais. *Carta Forense*. São Paulo, p. 1-3. 03 jun. 2013. Disponível em: http://www.cartaforense.com.br/conteudo/artigos/lei-carolina-dieckmann--aspectos-penais/11242. Acesso em: 08 dez. 2020.

[21] KARAM, Maria Lúcia. *Recuperar o desejo da liberdade e conter o poder punitivo*. Vol. I. Rio de Janeiro: Lumen Juris, 2009, p. 22.

Embora devamos reconhecer o avanço que foi a edição da Lei nº 12.737/2012, cujo objetivo foi a inserção do artigo 154-A ao Código Penal, inegável é que o texto incriminador introduzido apresenta falhas na sua elaboração que podem, até mesmo, dificultar a sua correta aplicação. Logo, o objetivo desta sessão foi apresentar a evolução legislativa, mas tecendo críticas necessárias e até mesmo apontando as possíveis causas que levaram ao equívoco do legislador.

4 O aumento da incidência dos delitos informáticos impróprios no atual momento da pandemia da Covid-19

Os delitos informáticos impróprios, como exposto acima, são aqueles caracterizados pela prática de uma conduta ilícita já prevista no ordenamento jurídico criminal, mas que é praticada por intermédio de um dispositivo eletrônico vinculado à *internet*.

O atual cenário da pandemia da Covid-19 mudou vários hábitos da sociedade, inclusive com a adoção do *home office* em grande parte do território nacional. Em recente matéria publicada no *site* Valor Econômico, há um alerta da Interpol (Organização Internacional de Polícia Criminal) para o aumento da prática de crimes relacionados com a coleta de dados.

> A adoção do home office em grande parte do mundo, uma das estratégias para evitar aglomerações em locais de trabalho e diminuir a propagação do vírus, está sendo explorada pelos hackers em busca de dados. O aumento da dependência de sistemas virtuais, segundo a Interpol, cria novas oportunidades para esse tipo de crime seja cometido. Por isso, a agência alerta que empresas e trabalhadores atualizem programas que podem prevenir ataques.[22]

A fraude eletrônica, especialmente aqui destacada em relação aos crimes contra o patrimônio, que serão denominados de furto

---

[22] VITTA, Lucas de. Interpol alerta para crescimento de crimes virtuais durante a pandemia: adoção do home office em grande parte do mundo está sendo explorada na busca de dados. *Valor Econômico*. São Paulo, p. 1-2. 04 ago. 2020. Disponível em: https://valor.globo.com/mundo/noticia/2020/08/04/interpol-alerta-para-crescimento-de-crimes-virtuais-durante-a-pandemia.ghtml. Acesso em: 10 dez. 2020.

e estelionato virtual, contam, além da *expertise* do sujeito ativo, do despreparo do sujeito passivo, que normalmente não domina as questões relacionadas com a segurança tecnológica.

Durante a participação em um evento jurídico, cujo tema era a criminalidade em tempos de Covid-19, o Ministro do Superior Tribunal de Justiça, Humberto Martins afirmou:

> *Na epidemia, crime virtual tomou lugar de subtrações físicas*, diz Humberto Martins
> O corregedor nacional de Justiça, ministro Humberto Martins, afirmou que o isolamento social decorrente da epidemia de Covid-19 fez cair significativamente o número de roubos e furtos nas cidades brasileiras, devido à baixa circulação das pessoas, mas abriu espaço para o desenvolvimento de outras práticas criminosas, como os crimes cibernéticos.[23]

Corroborando a fala do Ministro, segundo pesquisa divulgada pela TransUnion, empresa global que promove análise de informações, no Brasil foi detectado um aumento significativo dos delitos de fraude eletrônica contra o patrimônio no período da pandemia da Covid-19.

Segue a lista dos crimes virtuais mais comuns:

1. Phishing (roubo de dados pessoais): 27%
2. Golpes de vendedores terceirizados em sites de varejo online: 21%
3. Fraude envolvendo caridade e arrecadação de fundos: 19%
4. Golpe em desempregados: 18%
5. Vacinas de Covid-19, curas e testes: 15%
6. Fraude em seguro: 15%
7. Fraude de envio de produtos: 14%
8. Roubo de identidade: 14%
9. Cartão de crédito roubado ou cobrança fraudulentas: 13%
10. Golpe do 'benefício do governo': 12%.[24]

---

[23] REVISTA CONSULTOR JURÍDICO, 18 de junho de 2020. Disponível em: https://www.conjur.com.br/2020-jun-18/epidemia-crime-virtual-tomou-lugar-subtracoes-fisicas. Acesso em: 12 dez. 2020.

[24] SAKATE, Marcelo. Conheça as fraudes digitais mais comuns na pandemia e veja como evitar: roubo de dados de cartão de crédito é o crime virtual mais comum no país, aponta Transunion; no mundo, o phishing é a principal fraude. *Exame: Invest*. São Paulo, p. 1-3. 09 out. 2020. Disponível em: https://exame.com/minhas-financas/conheca-as-fraudes-digitais-mais-comuns-na-pandemia-e-veja-como-evitar/. Acesso em: 12 dez. 2020.

Conforme se depreende da pesquisa, dos dez crimes mais praticados, nove são crimes patrimoniais relacionados com furto de dados bancários e estelionato virtual. O aumento exponencial da pratica dessas condutas delitivas caracterizadas como crimes informáticos impróprios tem estrita ligação com o aumento das operações virtuais dado as questões típicas que envolvem a pandemia da Covid-19.

O deslocamento, quase que repentino, de parte da parcela dos trabalhadores para o *home office* e o aumento do número de pessoas em casa e esvaziamento temporário das ruas, acabou por fomentar uma migração da modalidade de crime até então ainda restrito a uma pequena parcela da sociedade que consumia produtos virtuais. Com as medidas de restrição de locomoção e outras, houve um natural aumento das operações virtuais, e, por via de consequência, um aumento da fraude eletrônica patrimonial.

O que é importante destacar é que os criminosos, da mesma forma que praticam furtos com destreza, sem serem percebidos, ou comentem estelionatos induzindo ou mantendo a vítima em erro mediante artifício, ardil ou fraude, no ambiente virtual também se faz necessário ludibriar as vítimas para a maior eficácia da prática delitiva.

Wendt e Jorge denominam esse conjunto de atributos de *engenharia social*.[25] Explicam os autores que os criminosos se utilizam de um conjunto de fatores que tem como objetivo enganar as vítimas para lograr êxito na fraude eletrônica contra o patrimônio. Inclui-se nesse conjunto a simulação de confiança de grandes bancos, *sites* varejistas e até mesmo os criminosos se passam por representantes de órgãos públicos.

> Enquanto certas ameaças cibernéticas utilizam vulnerabilidade localizadas em uma rede ou servidor, na engenharia social o criminoso concentra-se nas vulnerabilidades que porventura a vítima possa ter e/ou apresentar frente a determinadas situações do seu cotidiano. Nestas situações o ponto nevrálgico é a falta de conscientização do usuário de

---

[25] WENDT, Emerson; JORGE, Higor Vinicius Nogueira. *Crimes Cibernéticos*: ameaças e procedimentos de investigação. 2. ed. Rio de Janeiro: Brasport, 2013. Disponível em: https://books.google.com.br/books?id=iGY-AgAAQBAJ&lpg=PA1&dq=configura%C3%A7%C3%A3o%20de%20novos%20crimes%20ciberneticos&lr&hl=pt-BR&pg=PA19#v=onepage&q&f=false. Acesso em: 10 dez. 2020.

computador sobre os perigos de acreditar em todas as informações que chegam até ele.[26]

A vítima acaba por desempenhar um papel fundamental no sucesso dos crimes de fraude eletrônica. Os órgãos de segurança pública buscam sempre a orientação contínua para que os usuários da *internet* tenham cautela no fornecimento de dados em compras *on-line* ou preenchimento de algum formulário de registro.

A Polícia Civil do Estado do Espírito Santo, através da Delegacia de Repressão aos Crimes Cibernéticos, divulga constantemente informações aos cidadãos para prevenção das fraudes eletrônicas contra o patrimônio. É possível verificar algumas dicas para que a navegação na *internet* seja o mais seguro possível:

Seguem abaixo algumas dicas de prevenção.
1 – Sempre use antivírus e o mantenha atualizado.
2 – Cuidado com ofertas muito vantajosas: o barato pode sair caro!
3 – Não divulgue *fake news*. A divulgação de notícias falsas, mesmo que você não as tenha criado, também é considerada prática criminosa, verifique a fonte e não contribua à divulgação de conteúdo falso.
4 – Não clique em *links* suspeitos, como promoções. Eles podem servir para invadir o seu computador e roubar os seus dados. Sempre verifique a veracidade nos *sites* das empresas!
5 – Não compartilhe imagens íntimas na internet, se elas caírem na rede, não há como serem completamente retiradas do ar.
6 – Evite pagar produtos pela internet usando boleto bancário, prefira o cartão de crédito, pois se houver algum golpe é mais fácil ter o valor estornado pela operadora do cartão.
8 – Sempre realize transações eletrônicas dentro do ambiente do *site* de compra; nunca por WhatsApp ou e-mail;
9 – Ao negociar um produto via internet e for entregá-lo em mão, procure locais públicos, como uma delegacia de polícia: os criminosos não irão pagar pra ver indo até esses locais.
10 – Cuidado com o estelionato amoroso, se iniciar um relacionamento virtual, peça a pessoa que ligue a webcam para saber se essa pessoa existe: não remeta quantias em dinheiro 'por amor'.

---

[26] WENDT, Emerson; JORGE, Higor Vinicius Nogueira. *Crimes Cibernéticos*: ameaças e procedimentos de investigação. 2. ed. Rio de Janeiro: Brasport, 2013, p. 21. Disponível em: https://books.google.com.br/books?id=iGY-AgAAQBAJ&lpg=PA1&dq=configura%C3%A7%C3%A3o%20de%20novos%20crimes%20ciberneticos&lr&hl=pt-BR&pg=PA19#v=onepage&q&f=false. Acesso em: 10 dez. 2020.

11 – Cuidado com 'namorados virtuais' que se dizem autoridades e se gabam dessa situação: geralmente é golpe para atrair vítimas e explorá-las financeiramente.[27]

O que podemos observar é que o usuário quando ingressa na *internet* não tem qualquer tipo de preocupação acerca da análise técnica do seu acesso. Não faz ainda parte da rotina da maioria dos usuários o conhecimento necessário que ajudaria a prevenir boa parte dos crimes de fraude eletrônica contra o patrimônio. O sujeito ativo do crime sempre usa a seu favor o desconhecimento do usuário e até mesmo a inocência na navegação via *internet*, dificultando, inclusive, o trabalho pericial para identificar o suposto autor do fato criminoso.[28]

O desenvolvimento tecnológico não irá retroceder. Os mecanismos de proteção atualmente existentes em nada podem contribuir se o usuário não tiver consciência do seu papel fundamental no uso da *internet*. A busca pela correta informação, a orientação em *sites* oficiais e, também, a natural desconfiança como cautela na navegação da *web*, são medidas importantes para minimizar as fraudes eletrônicas contra o patrimônio.

A tendência natural é o crescimento do acesso da população a *internet*, o que potencializa um maior número de usuários compartilhando os seus dados na *web*. Os *sites* especializados em transações comerciais eletrônicas projetam um crescimento de 26% (vinte e seis por cento) para o ano de 2021, o que representa, em reais, algo próximo a R$110 bilhões (cem bilhões de reais).[29]

Neste cenário atual de crescimento exigirá, não só das autoridades de segurança pública a inovação nos procedimentos

---

[27] POLÍCIA civil divulga dicas de prevenção para o dia da internet segura. Espírito Santo, 05 fev. 2019. Disponível em: https://pc.es.gov.br/Not%C3%ADcia/policia-civil-divulga-dicas-de-prevencao-para-o-dia-da-internet-segura. Acesso em: 13 dez. 2020.

[28] WENDT, Emerson; JORGE, Higor Vinicius Nogueira. *Crimes Cibernéticos*: ameaças e procedimentos de investigação. 2. ed. Rio de Janeiro: Brasport, 2013, p. 21. Disponível em: https://books.google.com.br/books?id=iGY-gAAQBAJ&lpg=PA1&dq=configura%C3%A7%C3%A3o%20de%20novos%20crimes%20ciberneticos&lr&hl=pt-BR&pg=PA19#v=onepage&q&f=false. Acesso em: 10 dez. 2020.

[29] MATTOS, Adriana. Vendas no on-line devem crescer 26% em 2021, diz Ebit/Nielsen: em 2020, a projeção é de uma alta de 38%, portanto, o mercado deve sofrer uma desaceleração no ritmo, após ter sido beneficiado pelo isolamento social. *Valor Investe*: **Empresas**. São Paulo, p. 1-3. 16 dez. 2020. Disponível em: https://valorinveste.globo.com/mercados/renda-variavel/empresas/noticia/2020/12/16/vendas-no-on-line-devem-crescer-26-pontos-percentuais-em-2021-diz-ebitnielsen.ghtml. Acesso em: 18 dez. 2020.

de investigação, mas também de uma correta utilização da *internet* por parte dos usuários, o que minimizará a atuação criminosa especializada.

5 Considerações finais

A pandemia da Covid-19, no decorrer do ano de 2020, não apenas trouxe modificações sociais importantes relacionadas ao convívio, regras de distanciamento e questões relacionadas à área da saúde com um todo. Foi o momento em que ficou evidenciado um aumento significativo do comércio eletrônico e um acesso mais constante da população brasileira à *internet*. Tal fato se evidencia empiricamente, não só pela adoção do *home office* como forma de execução das tarefas laborais, como também pelo fato das pessoas estarem mais em casa, o que potencializou o uso da *internet* para diversos fins, já que houve um natural esvaziamento momentâneo das ruas, responsável, inclusive, pela queda de crimes contra o patrimônio praticados no ambiente físico.

Como vimos, o ordenamento jurídico brasileiro possui, relativamente, mecanismos de proteção tanto ao bem jurídico tutelado quando há a prática de delitos informáticos próprios, como também, certamente, já prevê punição para a prática dos delitos informáticos impróprios, sem que isso possa caracterizar analogia *in malam partem*.

Não podemos ignorar o constante discurso pela criação de novos tipos penais específicos para o combate à criminalidade eletrônica. Com as devidas vênias, o presente artigo demonstrou que a legislação existente, no que toca à tutela do bem jurídico, se aponta como suficiente. A única questão que revela algum fundamento, seria a criação de causa de aumento de pena nos crimes informáticos impróprios, como forma de coibir a prática da infração penal.

Entretanto cumpre apontar que a questão do aumento da prática dos crimes de fraude eletrônica, conforme foi abordado acima, não passa apenas pela modificação legislativa aumentando a pena pelo delito praticado. Esse raciocínio confronta-se com o que defende Puglia, que, já em 1891, criticava a construção de ideologias que versassem no sentido do aumento de penalidades como forma de prevenção à prática delitiva.

> Tem-se demonstrado, à evidência, que as medidas de repressão não têm aquela eficácia tão decantada por muitos ilustres pensadores, de fazer diminuir o número de delitos, porque causas poderosas, cuja força propulsora para o delito é muito superior à força de repulsão das penas, arrastam muitas vezes os homens a ações muito prejudiciais à sociedade e, portanto, enquanto não forem removidas estas causas, ou, ao menor, enquanto não for com providências oportunas atenuadas a sua influência sobre a atividade humana, o Movimento da criminalidade permanecerá constante, se não adquirir ainda maior energia.[30]

Esse raciocínio fundado na repressão como forma de evitar o crime e um apenamento rígido como forma de desmotivar a incursão criminosa, também foi enfaticamente criticado por Beccaria, ao afirmar que:

> A certeza de um castigo, mesmo moderado, sempre causará mais intensa impressão do que o temor de outro mais severo, unido à esperança da impunidade, pois, os males, mesmo os menores, quando certos, sempre surpreendem os espíritos humanos, enquanto a esperança, dom celestial que frequentemente tudo supre em nós, afasta a ideia de males piores principalmente quando a impunidade, outorgada muitas vezes pela avareza e pela fraqueza, fortalece-lhe a força.[31]

A conscientização e a educação no uso adequado da *internet* pelo usuário são os pontos centrais da discussão quanto ao aumento da incidência de fraude eletrônica no período de pandemia da Covid-19. Os mecanismos de proteção jurídica existentes para mitigar a prática dos delitos informáticos impróprios podem até ser aperfeiçoados, mas sua real eficácia sempre dependerá da correta utilização, pelo usuário, dos seus dispositivos eletrônicos vinculados à *internet*.

Aqui não estamos a ignorar a capacidade do sujeito ativo de criar mecanismos de engenharia social para ludibriar as vítimas. Neste ponto destacamos a real importância da legislação que regula

---

[30] PUGLIA *apud* PASSOS, Paulo Roberto da Silva. *Elementos de Criminologia e Política Criminal*. Bauru, SP: Edipro, 1994.p. 35.

[31] BECCARIA, Cesare. *Dos delitos e das penas*. 2. ed., rev. São Paulo: Revista dos Tribunais, 1999, p. 87.

a atuação dos agentes infiltrados de segurança pública, bem como das medidas judiciais atualizadas pelo pacote anticrime (Lei nº 13.964/2019), que tem como escopo a atuação, ainda mais eficaz da persecução criminal na identificação dos criminosos eletrônicos.

Por fim, sempre é importante destacar o trabalho local da Delegacia de Repressão aos Crimes Eletrônicos, vinculada à Polícia Civil do Estado do Espírito Santo, que realiza um trabalho constante, mesmo diante das dificuldades operacionais, para o combate à criminalidade eletrônica, pois somente com investimentos no aparelho policial e a conscientização dos usuários da *internet* é que naturalmente haverá uma queda no número de crimes de fraude eletrônica contra o patrimônio.

Referências

BECCARIA, Cesare. *Dos delitos e das penas*. 2. ed., rev. São Paulo: Revista dos Tribunais, 1999.

BITENCOURT, Cezar Roberto. *Tratado de Direito Penal*: parte especial (arts. 121 a 154-b). 18. ed. São Paulo: Saraiva Educação, 2018.

COSTA, Fernando José da. *Locus delicti nos crimes informáticos*. 2011. Tese (Doutorado em Direito Penal) – Faculdade de Direito, Universidade de São Paulo, São Paulo, 2011. Disponível em: http://www.teses.usp.br/teses/disponiveis/2/2136/tde-24042012-112445/pt-br.php. Acesso em: 11 dez. 2020.

FERNANDES, David Augusto. Crimes cibernéticos: o descompasso do Estado e a realidade. *Revista da Faculdade de Direito da UFMG*, [s.l.], n. 62, p. 139-178, jul. 2013. ISSN 1984-1841. Disponível em: https://revista.direito.ufmg.br/index.php/revista/article/view/P.0304-2340.2013v62p139/248. Acesso em: 19 dez. 2020.

GRECO, Rogério. *Curso de Direito Penal*: parte especial (artigos 121 a 212 do Código Penal). 15. ed. Niterói: Impetus, 2018.

KARAM, Maria Lúcia. *Recuperar o desejo da liberdade e conter o poder punitivo*. Vol. I. Rio de Janeiro: Lumen Juris, 2009.

MASSON, Cleber. *Direito Penal*: parte especial (arts. 121 a 212). 11. ed. Rio de Janeiro: Forense, 2018.

MATTOS, Adriana. Vendas no on-line devem crescer 26% em 2021, diz Ebit/Nielsen: Em 2020, a projeção é de uma alta de 38%, portanto, o mercado deve sofrer uma desaceleração no ritmo, após ter sido beneficiado pelo isolamento social. *Valor Investe: Empresas*. São Paulo, p. 1-3. 16 dez. 2020. Disponível em: https://valorinveste.globo.com/mercados/renda-variavel/empresas/noticia/2020/12/16/vendas-no-on-line-devem-crescer-26-pontos-percentuais-em-2021-diz-ebitnielsen.ghtml. Acesso em: 18 dez. 2020.

PASSOS, Paulo Roberto da Silva. *Elementos de Criminologia e Política Criminal*. Bauru: Edipro, 1994.

POLÍCIA civil divulga dicas de prevenção para o dia da internet segura. Espírito Santo, 05 fev. 2019. Disponível em: https://pc.es.gov.br/Not%C3%ADcia/policia-civil-divulga-dicas-de-prevencao-para-o-dia-da-internet-segura. Acesso em: 13 dez. 2020.

REVISTA CONSULTOR JURÍDICO. 18 de junho de 2020. *Na epidemia, crime virtual tomou lugar de subtrações físicas*, diz Humberto Martins. São Paulo, 18 jun. 2020. Disponível em: https://www.conjur.com.br/2020-jun-18/epidemia-crime-virtual-tomou-lugar-subtracoes-fisicas. Acesso em: 12 dez. 2020.

SAKATE, Marcelo. Conheça as fraudes digitais mais comuns na pandemia e veja como evitar: roubo de dados de cartão de crédito é o crime virtual mais comum no país, aponta Transunion; no mundo, o phishing é a principal fraude. *Exame: Invest*. São Paulo, p. 1-3. 09 out. 2020. Disponível em: https://exame.com/minhas-financas/conheca-as-fraudes-digitais-mais-comuns-na-pandemia-e-veja-como-evitar/. Acesso em: 12 dez. 2020.

SICA, Leonardo. Lei Carolina Dieckmann: aspectos penais. *Carta Forense*. São Paulo, p. 1-3. 03 jun. 2013. Disponível em: http://www.cartaforense.com.br/conteudo/artigos/lei-carolina-dieckmann--aspectos-penais/11242. Acesso em: 08 dez. 2020.

SILVA, Rita de Cássia Lopes da. A informação como bem jurídico-penal e o sistema informático. *In*: PRADO, Luiz Regis (Org.). *Direito Penal Contemporâneo*: estudos em homenagem ao professor José Cerezo Mir. São Paulo: Revista dos Tribunais, 2007. p. 367-376.

VIANNA, Túlio Lima. *Fundamentos de direito penal informático*. Rio de Janeiro: Forense, 2003. Disponível em: file:///E:/Usu%C3%A1rios/Downloads/Fundamentos_de_Direito_Penal_Informatico.pdf. Acesso em: 20 dez. 2020.

VITTA, Lucas de. Interpol alerta para crescimento de crimes virtuais durante a pandemia: adoção do home office em grande parte do mundo está sendo explorada na busca de dados. *Valor Econômico*. São Paulo, p. 1-2. 04 ago. 2020. Disponível em: https://valor.globo.com/mundo/noticia/2020/08/04/interpol-alerta-para-crescimento-de-crimes-virtuais-durante-a-pandemia.ghtml. Acesso em: 10 dez. 2020.

WENDT, Emerson; JORGE, Higor Vinicius Nogueira. *Crimes Cibernéticos*: ameaças e procedimentos de investigação. 2. ed. Rio de Janeiro: Brasport, 2013. Disponível em: https://books.google.com.br/books?id=iGY-AgAAQBAJ&lpg=PA1&dq=configura%C3%A7%C3%A3o%20de%20novos%20crimes%20ciberneticos&lr&hl=pt-BR&pg=PA19#v=onepage&q&f=false. Acesso em: 10 dez. 2020.

ZAFFARONI, Eugênio Raul. *Manual de Direito Penal Brasileiro:* parte geral. 5. ed., rev. e atual. São Paulo: Revista dos Tribunais, 2004.

Informação bibliográfica deste texto, conforme a NBR 6023:2018 da Associação Brasileira de Normas Técnicas (ABNT):

RIBEIRO, Fernando da Fonseca Resende. Os aspectos da Lei nº 12.737/2012 e a constatação do aumento da incidência da prática de delitos de fraude eletrônica contra o patrimônio durante a pandemia da Covid-19. *In*: BUFULIN, Augusto Passamani (Coord.). *Questões atuais de Direito Público*. Belo Horizonte: Fórum, 2022. p. 83-104. ISBN 978-65-5518-302-3.

III

DIREITO PROCESSUAL PENAL

INTIMAÇÃO NO PROCESSO PENAL EM TEMPOS DE PANDEMIA

DIEGO CREVELIN DE SOUSA

1 Introdução

O ano de 2020 entra para a história como um dos mais conturbados da história da humanidade. Uma pandemia de nível global – definida por alguns, não sem razão, como peste –, chamou a atenção para um sem-número de problemas, que vão desde o modo de ser do sistema econômico, passam pela administração do trânsito de um gigantesco volume de informações – e desinformações –, e, sem embargo de tantas outras dimensões, desemboca na capacidade dos sistemas jurídicos responderem de modo minimamente satisfatório aos desafios impostos pela realidade.

Para Tribunais que ainda operam com autos físicos – como é o caso, na esmagadora maioria dos feitos, da justiça estadual capixaba, por exemplo –, um dos grandes desafios foi encontrar meios de efetivar a continuação dos serviços jurisdicionais, que a Constituição impõe seja prestada de modo ininterrupto (art. 93, XII), sem prejuízo da observância das diretivas sanitárias voltadas à prevenção da disseminação do vírus SARS-CoV-2.

Com esse recorte propositadamente profundo, pretende-se, neste artigo, verificar como o sistema jurídico brasileiro dimensionou o sensível problema da comunicação no âmbito do processo (*rectius*, do procedimento) penal.

Para tanto, passará por uma breve demarcação da concepção de processo adotada, bem como da compreensão da garantia do contraditório e da ampla defesa, donde deriva, afinal, o direito de informação, que é realizado pela comunicação dos atos procedimentais.

Na sequência, informará sobre a experiência da comunicação eletrônica, já em curso há anos no país, fornecendo, então, *know-how* para fazer frente ao desafio experimentado, e, finalmente, referenciar as soluções encontradas em nosso sistema jurídico para tanto.

2 Direito de informação: conteúdo da garantia do contraditório e ampla defesa[1]

Nos termos do art. 5º, LIV, CRFB, ninguém será privado da liberdade ou de seus bens sem o devido processo legal. Adota-se a concepção de que o processo é instituição de garantia contrajurisdicional de liberdade e «liberdade».[2]

Quer-se dizer com isso que o processo é situação jurídica ativa, de titularidade das partes, que limita, controla e racionaliza o exercício do poder jurisdicional, assegurando autodeterminação e autorresponsabilidade das partes em sua atuação procedimental e não interferência do Estado-juiz em suas escolhas.

Essa concepção não diferencia entre processo civil e processo penal. A rigor, entende que processo não se adjetiva, senão que apenas os procedimentos.[3] Procedimentalistas penais e procedimentalistas

---

[1] O tópico 2 foi produzido com base em parte do conteúdo desenvolvido em: SOUSA, Diego Crevelin de. *Imparcialidade*. A divisão funcional de trabalho entre partes e juiz a partir do contraditório. Belo Horizonte: Letramento/Casa do Direito, 2021.

[2] Sobre a noção de instituição aqui subjacente, conferir: COSTA, Eduardo José da Fonseca. O Processo como Instituição de Garantia. *Consultor Jurídico*, São Paulo, 16 nov. 2016. Opinião. Disponível em: https://bit.ly/2WWdArD. Acesso em: 05 nov. 2019. Sobre a noção de garantia contrajurisdicional aqui adotada, conferir: COSTA, Eduardo José da Fonseca. Notas para uma garantística. *Empório do Direito*, Florianópolis, 04 jul. 2018. Coluna Associação Brasileira de Direito Processual. Disponível em: https://bit.ly/2LrCKJz. Acesso em: 05 nov. 2019. Para um esclarecimento sobre o sentido de garantia aqui adotado, que não se confunde com aquele proposto pelo jusfilósofo italiano Luigi Ferrajoli, conferir: COSTA, Eduardo José da Fonseca. Garantia: Dois Sentidos, Duas Teorias. *Empório do Direito*, Florianópolis, 23 dez. 2019. Disponível em: https://bit.ly/2T7c84R. Acesso em: 27 dez. 2019. Para a noção de garantia de liberdade aqui subjacente, conferir: COSTA, Eduardo José da Fonseca. Processo: garantia de liberdade [*freedom*] e «liberdade» [*liberty*]. *Empório do Direito*, Florianópolis, 21 ago. 2018. Disponível em: https://bit.ly/3dRF74x. Acesso em: 05 nov. 2019. Demonstrando que essa concepção oferece uma leitura da garantia do processo como um direito fundamental de defesa, conferir: DALLA BARBA, Rafael Giorgio. Se o Processo é uma Garantia de Liberdade, ele é um Direito de Defesa. *Empório do Direito*, Florianópolis, 27 jan. 2020. Coluna Garantismo Processual. Disponível em: https://bit.ly/2Z41LCw. Acesso em: 05 fev. 2020. Para a noção de garantia de liberdade aqui subjacente, conferir: COSTA, Eduardo José da Fonseca. Processo: garantia de liberdade [*freedom*] e «liberdade» [*liberty*]. *Empório do Direito*, Florianópolis, 21 ago. 2018. Disponível em: https://bit.ly/3dRF74x. Acesso em: 05 nov. 2019. Demonstrando que essa concepção oferece uma leitura da garantia do processo como um direito fundamental de defesa, conferir: DALLA BARBA, Rafael Giorgio. Se o Processo é uma Garantia de Liberdade, ele é um Direito de Defesa. *Empório do Direito*, Florianópolis, 27 jan. 2020. Coluna Garantismo Processual. Disponível em: https://bit.ly/2Z41LCw. Acesso em: 05 fev. 2020.

[3] Sobre a distinção entre processo e procedimento subjacente ao argumento, conferir: SOUSA, Diego Crevelin de; SILVEIRA, Marcelo Pichioli da. Entre alma e corpo: o que

civis podem ser – e é bom que sejam –, antes de tudo, processualistas, ou seja, constitucionalistas especializados na garantia constitucional contrajurisdicional do processo.[4]

Uma das mais caras garantias processuais fundamentais é a do contraditório e da ampla defesa, assim vertida no art. 5º, LV, da CRFB: aos litigantes, em processo judicial ou administrativo, e aos acusados em geral são assegurados o contraditório e ampla defesa, com os meios e recursos a ela inerentes.

O texto constitucional não deixa claro se o dispositivo contempla uma ou duas garantias distintas, e, neste caso, total ou parcialmente autônomas entre si, isto é, com conteúdo dogmático próprio. E o panorama doutrinário tampouco aclara o ponto.[5]

Pode-se dizer, sem exagero, que as tentativas (quando são feitas) de isolamento do contraditório e da ampla defesa encerram uma miríade indecifrável de variações que mais confundem que esclarecem em termos analítico-conceituais.[6] Por isso, considera-se que o melhor caminho é ponderar que o art. 5º, LV, CRFB, institui

---

diz o garantismo processual sobre as competências legislativas dos arts. 22, I, e 24, XI, CRFB. *In*: PEGINI, Adriana Regina Barcelos *et al*. (Org.). *Processo e Liberdade*. Estudos em homenagem a Eduardo José da Fonseca Costa. Londrina: Thoth, 2019, p. 297-307.

[4] Sobre os perigos que o procedimento penal corre quando os procedimentalistas penais não interagem com o que produzem os procedimentalistas civis, conferir: COSTA, Eduardo José da Fonseca. Um reclamo aos processualistas civis, um alerta aos processualistas penais. *Empório do Direito*, Florianópolis, 12 fev.2018. Coluna Associação Brasileira de Direito Processual. Disponível em: https://bit.ly/3mC8oUI. Acesso em: 20 nov. 2020.

[5] Amplo levantamento feito em: SOUSA, Diego Crevelin de. *Imparcialidade*. A divisão funcional de trabalho entre partes e juiz a partir do contraditório. Belo Horizonte: Letramento/Casa do Direito, 2021, no prelo.

[6] Obra dedicada à análise do "devido processo penal", que atribui à ampla defesa as seguintes situações jurídicas ativas: direito de ser ouvido; direito de acesso aos procedimentos; direito de estar presente; direito de entrevista com o defensor; direito de presença de intérprete; direito de legitimação recursal do próprio réu; direito à última palavra; direito à informação; direito de obrigatoriedade e efetividade da defesa técnica; direito de facultatividade da autodefesa; direito de *par condicio* (=ausência de protagonismos). E ao contraditório, as seguintes situações jurídicas ativas: direito de ciência bilateral, reação, contradição, resposta, contraposição de teses, possibilidade de influir na construção dinâmica do espaço processual, ausência de protagonismos e submissões, enfim, elemento normativo estrutural da comparticipação, assegurando, constitucionalmente, o policentrismo processual (GIACOMOLI, Nereu José. *O Devido Processo Penal*: abordagem conforme a Constituição Federal e o Pacto de São José da Costa Rica. 3. ed. São Paulo: Atlas, 2016, versão eletrônica, segunda parte, itens 3.2 e 4.2). A exposição revela que os conteúdos sinteticamente atribuídos ao contraditório são desdobrados especificamente naqueles imputados à ampla defesa, revelando um entretecimento inquebrantável entre eles, e, consequentemente, a improdutividade de pensá-las em apartado.

uma única garantia, que pode ser identificada pelo significante contraditório e ampla defesa, apenas ampla defesa ou apenas contraditório.

A solução proposta no parágrafo anterior nada tem de heterodoxa, como confirmam dois exemplos. Do art. 103, [1], da Lei Fundamental alemã, segundo o qual "Todos têm direito de serem ouvidos perante um tribunal", o Tribunal Constitucional Federal alemão divisou a garantia – assim, no singular – da ampla defesa e do contraditório, cujo conteúdo-síntese abrange o direito a ser informado de todos os atos processuais e entendimentos da Corte e da parte adversária; o direito à manifestação; e o direito à consideração, pela instância decisória, dos relatos, apreciações e argumentos jurídicos apresentados por ocasião da fundamentação das respectivas decisões.[7] Igualmente, do art. 6º, 1, da Convenção para a Proteção dos Direitos do Homem e das Liberdades Fundamentais,[8] que nem sequer menciona os significantes "contraditório" e "ampla defesa", a Corte Europeia de Direitos Humanos divisou, no que ora importa, a consagração do direito ao contraditório como detentora do seguinte conteúdo: direito de conhecer e se manifestar sobre todas as alegações e provas; direito de produzir provas, com vistas a influenciar na decisão; e direito de ter o caso julgado com apoio nos elementos dos autos.[9] Portanto, a não depuração do conteúdo dogmático próprio do contraditório e da ampla defesa em nada prejudicou a construção de uma farta teia protetiva do cidadão, abrangente, inclusive, de tudo que é reivindicado pela nossa doutrina.

---

[7] MARTINS, Leonardo. *Tribunal Constitucional Federal Alemão*. Decisões anotadas sobre direitos fundamentais. V. III. São Paulo: Marcial Pons, 2019, p. 225.

[8] "Qualquer pessoa tem direito a que a sua causa seja examinada, equitativa e publicamente, num prazo razoável por um tribunal independente e imparcial, estabelecido pela lei, o qual decidirá, quer sobre a determinação dos seus direitos e obrigações de carácter civil, quer sobre o fundamento de qualquer acusação em matéria penal dirigida contra ela. O julgamento deve ser público, mas o acesso à sala de audiências pode ser proibido à imprensa ou ao público durante a totalidade ou parte do processo, quando a bem da moralidade, da ordem pública ou da segurança nacional numa sociedade democrática, quando os interesses de menores ou a proteção da vida privada das partes no processo o exigirem, ou, na medida julgada estritamente necessária pelo tribunal, quando, em circunstâncias especiais, a publicidade pudesse ser prejudicial aos interesses da justiça."

[9] SHENK, Leonardo Faria. *Cognição Sumária*. Limites impostos pelo contraditório no processo civil. São Paulo: Saraiva, 2013, p. 55.

Alguém poderia dizer, nada obstante, que como a Constituição de 1988 menciona expressamente o contraditório e a ampla defesa, ao contrário dos referidos diplomas normativos, a dogmática brasileira deveria empreender maior refinamento conceitual. Essa exigência seria plausível se tal labor fosse imprescindível para fornecer mais segurança jurídica e proteção aos destinatários da garantia. Não é o que ocorre, porém. A construção alienígena realizada a partir da singela noção de "direito de ser ouvido", revela que não há prejuízo em trabalhar o art. 5º, LV, CRFB, como uma garantia única. A unidade discursiva nada perde em conteúdo e ainda evita desnecessária dispersão doutrinária.[10]

Passando a uma exposição francamente panorâmica do conteúdo da garantia do contraditório e da ampla defesa, tradicionalmente falava-se em garantia de informação e reação, ou bilateralidade da audiência.

Nesse período, a garantia tinha em seu cerne a contraposição de teses antagônicas, ou seja, a sua *ratio* sempre foi permitir oportunidades de reagir ou evitar posições jurídicas desfavoráveis. Para tanto, o direito de informação exige que os sujeitos processuais sejam adequadamente notificados sobre os efeitos prejudiciais que as decisões vinculativas, atuais ou futuras, poderão ter sobre suas situações jurídicas. Já o direito de reação agasalha as faculdades de contra-argumentar, examinar os autos do processo, dirigir requerimentos ao juiz, formular perguntas e quesitos, sustentar oralmente em audiência etc.[11] Esse aspecto do contraditório resguarda ao interessado o direito de ouvir e de ser ouvido, para que tenha a oportunidade de dizer nos autos e deduzir as alegações e provas que julgar pertinentes, com a respectiva oportunidade ou possibilidade de reação,[12] expressando-se na dinâmica pedir-alegar-provar.[13]

---

[10] Conclusão semelhante é defendida por: SICA, Heitor Vitor de Mendonça. *O Direito de Defesa no Processo Civil Brasileiro*. Um estudo sobre a posição do réu. São Paulo: Atlas, 2011, p. 42-45.

[11] CABRAL, Antonio do Passo. *Nulidades no Processo Moderno*. Contraditório, proteção da confiança e validade *prima facie* dos atos processuais. 2. ed. Rio de Janeiro: Forense, 2010, p. 104.

[12] FRANCO, Marcelo Veiga. *O Processo Justo como Fundamento de Legitimidade da Jurisdição*. Dissertação (mestrado em Direito). Data da defesa: 31/07/2012. 185f. Universidade Federal de Minas Gerais, Belo Horizonte, 2012, p. 106.

[13] DINAMARCO, Cândido Rangel. O princípio do contraditório e sua dupla destinação. In: DINAMARCO, Cândido Rangel. *Fundamentos do Processo Civil Moderno*. 4. ed. São Paulo: Malheiros, 2001, p. 127.

Contemporaneamente, porém, avança-se para *incluir* na garantia mais duas situações jurídicas: influência e não surpresa.

O direito de influência assegura que, além de dar às partes iguais oportunidades de pronunciamento, é necessário que este seja efetivamente considerado quando da prolação das decisões, porque se assim não ocorrer, haverá negativa de vigência aos princípios do processo.[14] Atam-se inquebrantavelmente a garantia do contraditório e ampla defesa e a garantia da fundamentação das decisões judiciais, unindo-se na dinâmica argumentativa fática e jurídica do procedimento, propiciando a geração de uma decisão participada e, portanto, democrática.[15] É direito das partes obter – e do juiz, o dever de oferecer – respostas ao seu labor argumentativo.[16] Fundamentar, isto é, demonstrar que levou em conta o que foi alegado e provado pelas partes, para acolher ou rechaçar, é exercer o contraditório, para o órgão jurisdicional.[17] A fundamentação constitui o último momento do contraditório.[18]

O direito de não surpresa é antecedente lógico do direito de influência. Claro, a parte só pode influenciar se tiver a oportunidade de se manifestar sobre todos os assuntos relevantes para a decisão, sejam de admissibilidade ou de mérito, incidentes ou principais, fático-probatórios ou de direito, cognoscíveis mediante provocação ou *ex officio*. Impactando na dinâmica do *iura novit curia*,[19] antes de *decidir* sobre as matérias que pode *conhecer* de ofício o juiz deve dar oportunidade de manifestação às partes.[20] Essa é a regra.[21]

---

[14] LEAL, André Cordeiro. *O Contraditório e a Fundamentação das Decisões no Direito Processual Democrático*. Belo Horizonte: Mandamentos, 2002, p. 103 e p. 129-142.

[15] DIAS, Ronaldo Brêtas de Carvalho. *Processo Constitucional e Estado Democrático de Direito*. 3. ed. Belo Horizonte: Del Rey, 2015, p. 177.

[16] SILVA, Ovídio A. Baptista da. *Jurisdição, Direito Material e Processo*. Rio de Janeiro: Forense, 2008, p. 152.

[17] ALVIM, Teresa Arruda. *Embargos de Declaração*: como se motiva uma decisão judicial. 3. ed. em *e-book* baseada na 4. ed. impressa. São Paulo: Thomson Reuters Brasil, 2018, Cap. 8.

[18] MITIDIERO, Daniel. Fundamentação e precedente – Dois discursos a partir da decisão judicial. *Revista dos Tribunais Online*, Revista de Processo, Vol. 206, p. 61, abr./2012.

[19] MEDINA, Paulo Roberto Gouvêa de. *Iura Novit Curia*. A máxima e o mito. Salvador: Juspodivm, 2020, p. 244; DOMIT, Otávio Augusto Dal Molin. *Iura Novit Curia e Causa de Pedir*: o juiz e a qualificação jurídica dos fatos no processo civil brasileiro. 1. ed. em *e-book* baseada na 1. ed. impressa. São Paulo: Revista dos Tribunais, 2016, Parte III, Cap. 3.2.

[20] Por todos: DIDIER JR., Fredie. *Curso de Direito Processual Civil*. V.1. 17. ed. Salvador: Juspodivm, 2015, p. 81; NERY JUNIOR, Nelson. *Princípios do Processo na Constituição Federal*. 10. ed. São Paulo, 2010, p. 227.

[21] Há casos em que o contraditório não é instituído (porque inútil) ou é apenas postecipado ou, ainda, eventual, segundo a sistematização de: SANTOS, Welber Queiroz dos. *Princípio*

Pois bem. Sem embargo de todo o exposto, nota-se que a bilateralidade da audiência constitui o núcleo mínimo da garantia do contraditório e não pode ser olvidada,[22] pois começa nela o direito de proteção contra o arbítrio estatal.[23] Até porque, é do direito de informação que se tolhe a surpresa e se abre ensanchas ao exercício do direito de reação com influência.

3 A forma da intimação

O direito de informação, corolário do contraditório, concretiza-se com as comunicações processuais, que o CPP concretiza por meio de citação, intimação e notificação.

A citação é o ato pelo qual são convocados o réu, o executado ou o interessado para integrar a relação processual (art. 238, CPC).

Ela tem duas funções: convocar o sujeito a juízo (*in ius vocatio*) e cientificar-lhe do teor da demanda formulada (*edictio actionis*).

Ademais, constitui condição de eficácia do processo em relação ao réu (art. 312, CPC) e requisito de validade dos atos processuais seguintes (art. 239, CPC).[24]

Em regra, a citação é pessoal e se faz por mandado (art. 352, CPP) ou carta precatória (art. 353, CPP). Excepcionalmente, não sendo encontrado pessoalmente, ou ocultando-se para não ser citado, será ficta, por hora certa (art. 362, CPP) ou por edital (art. 363, §1º).

A intimação é o ato pelo qual se dá ciência a alguém dos atos e dos termos do processo (art. 269, CPP). Ela dá conhecimento da prática dos demais atos realizados e a serem realizados no processo, bem como da necessidade ou da possibilidade (faculdade) da participação,

---

do *Contraditório e Vedação da Decisão Surpresa*. Rio de Janeiro: Forense, 2018, versão eletrônica, Cap. 4.

[22] CABRAL, Antonio do Passo. *Nulidades no Processo Moderno*. Contraditório, proteção da confiança e validade *prima facie* dos atos processuais. 2. ed. Rio de Janeiro: Forense, 2010, p. 105.

[23] FRIGINI, Flávia Spinassé. *A Dimensão Dinâmica do Contraditório no Direito Processual Civil Cooperativo*: revisitando o dever de fundamentação das decisões judiciais. Dissertação (mestrado em Direito). Data da defesa: 03.05.2016. 98f. Universidade Federal do Espírito Santo, Vitória, 2016, p. 53.

[24] DIDIER JR., Fredie. *Curso de Direito Processual Civil*. 18. ed. Salvador: Juspodivm, 2017, p. 683.

tanto das partes quanto dos terceiros que, eventualmente, possam ou devam a eles estar presentes.²⁵

Constitui prerrogativa do Ministério Público e da Defensoria Pública o recebimento de intimação pessoal em qualquer processo e grau de jurisdição (art. 41, IV, Lei nº 8.625/93, art. 44, I, LC nº 80/94 e art. 370, §4º, CPP). Para o STJ, a entrega dos autos no setor administrativo do Ministério Público, formalizada a carga pelo servidor, configura intimação direta e pessoal do *parquet*.²⁶ Sendo o procedimento eletrônico, à míngua de exceção legal, aplica-se ao Ministério Público o art. 5º, §§1º e 3º, Lei nº 11.419/06, segundo o qual a intimação eletrônica considera-se realizada no dia em que o intimado efetivar a consulta eletrônica ao teor da intimação, a qual pode ser realizada em até 10 dias, contados da data do seu envio.²⁷

O advogado dativo faz jus à intimação pessoal, por mandado (art. 370, §4º, CPP),²⁸ mas não há nulidade se, feita a intimação de outro modo, não for arguido o defeito na primeira oportunidade.²⁹

O advogado particular, tanto do acusado quanto do assistente de acusação, não possui semelhante prerrogativa. Sua intimação é feita por publicação no órgão oficial (art. 370, §1º, CPP) ou por qualquer outro meio idôneo (art. 370, §2º, CPP). Observa-se, igualmente, o regime do art. 5º, §§1º e 3º, Lei nº 11.419/2006.

A notificação, segundo uma opinião,³⁰ é o ato de comunicação relativo à determinação judicial impondo o cumprimento de certa providência, tal como aquele pelo qual se chama a testemunha para

---

[25] OLIVEIRA, Eugênio Pacelli de. *Curso de Processo Penal*. 24. ed. São Paulo: Atlas, 2020, versão eletrônica item 12.2.

[26] BRASIL. Superior Tribunal de Justiça (6ª Turma). *Agravo Regimental no Recurso Especial nº 476.751/SP*, Rel. Min. Paulo Gallotti, 6ª Turma, julgado em 28/06/2007, publicado em 20/08/2007.

[27] BRASIL. Superior Tribunal de Justiça (5ª Turma). *Agravo no Recurso Especial nº 1.440.493/MS*, Rel. Min. Reynaldo Soares da Fonseca, 5ª Turma, julgado em 26/03/2019, publicado em 16/04/2019.

[28] BRASIL, Supremo Tribunal Federal (1ª Turma). *Habeas Corpus nº 90.964/SP*, Rel. Min. Ayres Britto, 1ª Turma, julgado em 11/09/2007, publicado em 08/11/2007. BRASIL. Superior Tribunal de Justiça (6ª Turma), AgRg no AREsp 988.098/BA, Rel. Min. Rogerio Schietti Cruz, 6ª Turma, julgado em 08/08/2017, publicado em 17/08/2017.

[29] BRASIL. Superior Tribunal de Justiça (6ª Turma). *Agravo Regimental no Habeas Corpus nº 573.794/MG*, Rel. Min. Néfi Cordeiro, 6ª Turma, julgado em 01/09/2020, publicado em 16/09/2020.

[30] BRASILEIRO, Renato. *Manual de Processo Penal*. 6. ed. Salvador: Juspodivm, 2018, p. 1295.

prestar depoimento e o acusado, para fins de reconhecimento em audiência de instrução e julgamento.

Opinião diversa[31] sustenta que a intimação é ato de comunicação que possibilita o exercício de faculdades e ônus processuais reservados às partes, bem como o cumprimento de dever legal de comparecimento e participação de terceiros no processo penal, tais como as testemunhas, o ofendido e os peritos, chamando a atenção para o uso dos termos sem rigor conceitual pelo legislador.

Quanto aos terceiros (*v.g.*, testemunhas, peritos e ofendido) são intimados ou notificados pessoalmente para que tenham ciência (*v.g.*, o ofendido é comunicado dos atos processuais relativos ao ingresso e à saída do acusado da prisão, da designação de audiência, da sentença e dos acórdãos – art. 201, §2º, CPP) ou pratiquem algum ato processual (*v.g.*, a testemunha, para prestar depoimento em juízo – art. 218, CPP).

A questão que se coloca, e é relevante para este artigo, é: como assegurar o direito de informação – da parte e mesmo dos terceiros – sem que eles sejam onerados indevidamente, durante o período pandêmico, mormente naquele período crítico que houve suspensão dos atos presenciais?

4 A intimação no processo penal no período pandêmico

Em face da pandemia de nível mundial derivada da disseminação do vírus SARS-CoV-2, a Organização Mundial da Saúde exarou recomendações rígidas de isolamento social, com vistas a impedir ou então minimizar a contaminação em massa pelo vírus da Covid-19.

Em suma, as medidas foram consideradas necessárias porque o vírus é novo, não possui tratamento médico cientificamente certificado, tanto em nível preventivo quanto repressivo, e, em casos agudos, leva a internações em unidades de tratamento intensivo, inclusive com uso de respiradores. Com isso, se um número elevado

---

[31] OLIVEIRA, Eugênio Pacelli de. *Curso de Processo Penal*. 24. ed. São Paulo: Atlas, 2020, versão eletrônica item 12.2.

de pessoas contaminadas carecer desse tipo de atendimento, o sistema de saúde entra em colapso e as vítimas morrem.

O tempo confirmou a gravidade da pandemia.

Em todo o mundo, estima-se que, até 23.12.2020, um total de 1.722.307 (um milhão, setecentos e vinte e dois mil, trezentos e sete) pessoas faleceram por complicações derivadas da Covid-19. O Brasil registra 188.259 (cento e oitenta e oito mil, duzentos e cinquenta e nove) mortes, perdendo apenas para os Estados Unidos, que contabilizam 323.002 (trezentos e vinte e três mil e dois) mortes.

O número de contaminados no mundo é de 78.263.502 (setenta e oito milhões, duzentos e sessenta e três mil, quinhentos e dois), dos quais 7.318.821 (sete milhões, trezentos e dezoito mil, oitocentos e vinte e um) estão no Brasil e 18.284.729 (dezoito milhões, duzentos e oitenta e quatro mil, setecentos e vinte e nove), nos Estados Unidos.

A Índia informa menos falecimentos que o Brasil, 146.444 (cento e quarenta e seis mil, quatrocentos e quarenta e quatro), mas possui mais infectados: 10.999.066 (dez milhões, novecentos e noventa e nove mil e sessenta e seis).

Para se ter ideia da disparidade dos números desses países, a Rússia, que ocupa o terceiro lugar em número de contaminados e de mortos, contabiliza 2.878.282 (dois milhões, oitocentos e setenta e oito mil, duzentos e oitenta e dois) contaminados, e 51.274 (cinquenta e um mil, duzentos e setenta e quatro) mortos, números muito inferiores aos dos três primeiros.

A China, de onde, até o momento, acredita-se que tenha surgido e se disseminado o vírus, informa 86.829 (oitenta e seis mil, oitocentos e vinte e nove) contaminados e 4.634 (quatro mil, seiscentos e trinta e quatro) mortos.[32]

Desde logo, o Conselho Nacional de Justiça suspendeu o expediente presencial no Poder Judiciário (Resolução CNJ nº 314/2020), visando cumprir os protocolos de isolamento social indicados pela Organização Mundial de Saúde. Assim, ficou inviabilizada a prática de atos presenciais.

---

[32] Todos os dados foram extraídos de *Google Notícias*, pelo *link* https://bit.ly/3mMKsxQ. Acesso em: 23 dez. 2020.

Mas isso não significou paralisação do Poder Judiciário, máxime nos tribunais que já operam com processos eletrônicos. Bem ao contrário, o que, de resto, violaria o art. 92, XI, CRFB. O Conselho Nacional de Justiça informa que, em termos globais, o Poder Judiciário teve um aumento significativo de produtividade durante o período de suspensão dos atos presenciais: de 1º de abril a 04 de agosto de 2020, foram realizadas 366.278 (trezentos e sessenta e seis mil duzentos e setenta e oito) atos processuais por videoconferências.[33]

O grande desafio foram os atos presenciais, notadamente audiências e, quando a lei assim assegura, as intimações, tema que aqui importa.

O problema das audiências foi resolvido com a regulamentação da sua realização por meio de videoconferência durante o estado de calamidade pública, reconhecido pelo Decreto Federal nº 06/2020.

A Resolução CNJ nº 314/2020, dispondo sobre a regulamentação da realização de sessões virtuais no âmbito dos tribunais, turmas recursais e demais órgãos colegiados de cunho jurisdicional e administrativo, fixou a seguinte orientação: as audiências em primeiro grau de jurisdição por meio de videoconferência devem considerar as dificuldades de intimação de partes e testemunhas, realizando-se esses atos somente quando for possível a participação, vedada a atribuição de responsabilidade aos advogados e procuradores em providenciarem o comparecimento de partes e testemunhas a qualquer localidade fora de prédios oficiais do Poder Judiciário para participação em atos virtuais (art. 6º, §3º).

Posteriormente, a Resolução CNJ nº 329/2020, dispondo ainda sobre a realização de atos processuais e audiências por videoconferência, estabeleceu uma disciplina mais detida.

Nos termos do art. 8º, I, a audiência realizada por videoconferência será organizada pelo magistrado ou servidor designado, que agendará a reunião.

Segundo o art. 8º, II, deve ser providenciada a intimação das partes, ofendido, testemunhas e réu na forma da legislação

---

[33] A propósito, conferir: https://bit.ly/38yEifF. Acesso em: 23 dez. 2020.

processual vigente, observada, porém, a já referida prescrição do art. 6º, §3º, da Resolução CNJ nº 314/2020.

O art. 8º, III, prescreve que o Ministério Público e a defesa técnica serão intimados da decisão que determinar a realização de audiência por videoconferência com antecedência mínima de 10 (dez) dias (inc. III).

Nada obstante tenha a prerrogativa da intimação pessoal, o Ministério Público pode ser intimado eletronicamente, *ex vi* do art. 5º, §1º e 3º, Lei nº 11.419/06, o que supera as limitações provenientes das medidas de distanciamento social. O mesmo há de valer para a intimação obrigatória a prévia do Ministério Público para participar da videoconferência de audiência de custódia (art. 19, §3º). O mesmo vale para a Defensoria Pública. Semelhante facilidade alcança a defesa técnica patrocinada por advogado particular, que, de resto, não faz jus à intimação pessoal. E o advogado dativo, conquanto tenha a benesse da intimação pessoal, pode optar, por termo de compromisso, por ser intimado pela imprensa oficial, caso em que a intimação fica viabilizada e a arguição posterior de nulidade, obstada.[34]

O art. 8º, IV, ressalva que a ausência da testemunha não ocasionará preclusão da prova, devendo o ato ser reagendado com intimações oficiais realizadas pelo Poder Judiciário.

Dado que o processo é para as partes – o que fica patente no procedimento penal –, a solução é mais do que acertada. Intempéries alheias à vontade e à conduta das partes não podem comprometer o pleno exercício da garantia do contraditório e da ampla defesa. O fato de o reagendamento do ato implicar em dilação do tempo do processo – e implica, inegavelmente – não constitui pretexto idôneo para, em nome da duração razoável do processo, tolher o direito à prova, que, como visto, também é corolário do contraditório.[35] A solução, aliás, constituiria distorção da também garantia contrapoder do art. 5º, LXXVIII, CRFB, que não pode, à guisa de realizar eficiência, ser pervertida

---

[34] BRASIL. Superior Tribunal de Justiça (5ª Turma). *Habeas Corpus nº 514.777/SP*, Rel. Min. Ribeiro Dantas, 5ª Turma, julgado em 05/09/2019, publicado em 12/09/2019.

[35] TOMÉ, Fabiana Del Padre. *A Prova no Direito Tributário*. 4. ed. São Paulo: Noeses, 2016, p. 276.

em instrumento servil aos desígnios de *performance* quantitativa do Poder.

5 Conclusão

As considerações precedentes tiveram por pretensão demonstrar, de um lado, a importância da garantia do contraditório e da ampla defesa, e, de outro, a simultânea necessidade de realizá-la preservando a sua primeira e fundamental manifestação – o direito de informação.

A solução normativa fornecida pelo Conselho Nacional de Justiça, em seu conteúdo, está em linha com o referencial teórico aqui adotado, do processo como instituição de garantia contrajurisdicional de liberdade e «liberdade». Condicionou-se a prática de atos por videoconferência à realização do direito de informação, primeira manifestação da garantia do contraditório. Digna de nota a vedação de transferência, para os advogados, dos ônus de prover tais comunicações e também os meios tecnológicos para a sua realização. Afinal, a advocacia é instituição de garantia do cidadão, não *longa manus* do Poder Judiciário.[36] Por isso, seus deveres hão de ser instituídos por lei, observadas a sua natureza e os ditames constitucionais. Claro, nada impede o advogado de fazê-lo, se assim julgar conveniente. O que não se poderia admitir, e foi vedado, seria lhe infligir tal ônus.

A via adequada para instituir essas soluções eram as Resoluções do Conselho Nacional de Justiça? Instigante e relevante que seja a provocação, quer parecer que todas as soluções encontradas, no que concerne às intimações, objeto do presente artigo, poderiam ser construídas interpretativamente a partir do material jurídico-positivo-legislativo existente no presente.

Conclui-se que o direito de informação no procedimento penal dos tempos pandêmicos foi adequadamente dimensionado.

---

[36] A propósito, conferir: COSTA, Eduardo José da Fonseca. A advocacia como garantia de liberdade dos jurisdicionados. *Empório do Direito*, Florianópolis, 09 maio 2018. Coluna Associação Brasileira de Direito Processual. Disponível em: https://bit.ly/3nYCWBL. Acesso em: 23 dez. 2020.

Referências

ALVIM, Teresa Arruda. *Embargos de Declaração*: como se motiva uma decisão judicial. 3. ed. em *e-book* baseada na 4. ed. impressa. São Paulo: Thomson Reuters Brasil, 2018.

BRASIL. Superior Tribunal de Justiça (6ª Turma). AgRg no AREsp 988.098/BA, Rel. Min. Rogerio Schietti Cruz, 6ª Turma, julgado em 08/08/2017, publicado em 17/08/2017.

BRASIL. Superior Tribunal de Justiça (6ª Turma). *Agravo Regimental no Recurso Especial nº 476.751/SP*, Rel. Min. Paulo Gallotti, 6ª Turma, julgado em 28/06/2007, publicado em 20/08/2007.

BRASIL. Superior Tribunal de Justiça (5ª Turma). *Agravo no Recurso Especial nº 1.440.493/MS*, Rel. Min. Reynaldo Soares da Fonseca, 5ª Turma, julgado em 26/03/2019, publicado em 16/04/2019.

BRASIL. Superior Tribunal de Justiça (5ª Turma). *Habeas Corpus nº 514.777/SP*, Rel. Min. Ribeiro Dantas, 5ª Turma, julgado em 05/09/2019, publicado em 12/09/2019.

BRASIL. Superior Tribunal de Justiça (6ª Turma), *Agravo Regimental no Habeas Corpus nº 573.794/MG*, Rel. Min. Néfi Cordeiro, 6ª Turma, julgado em 01/09/2020, publicado em 16/09/2020.

BRASIL. Supremo Tribunal Federal (1ª Turma). *Habeas Corpus nº 90.964/SP*, Rel. Min. Ayres Britto, 1ª Turma, julgado em 11/09/2007, publicado em 08/11/2007.

BRASILEIRO, Renato. *Manual de Processo Penal*. 6. ed. Salvador: Juspodivm, 2018.

CABRAL, Antonio do Passo. *Nulidades no Processo Moderno*. Contraditório, proteção da confiança e validade prima facie dos atos processuais. 2. ed. Rio de Janeiro: Forense, 2010.

COSTA, Eduardo José da Fonseca. Garantia: dois sentidos, duas teorias. *Empório do Direito*, Florianópolis, 23 dez. 2019. Disponível em: https://bit.ly/2T7c84R.

COSTA, Eduardo José da Fonseca. Processo: garantia de liberdade [*freedom*] e «liberdade» [*liberty*]. *Empório do Direito*, Florianópolis, 21 ago. 2018. Disponível em: https://bit.ly/3dRF74x.

COSTA, Eduardo José da Fonseca. Notas para uma garantística. *Empório do Direito*, Florianópolis, 04 jul. 2018. Coluna Associação Brasileira de Direito Processual. Disponível em: https://bit.ly/2LrCKJz.

COSTA, Eduardo José da Fonseca. A advocacia como garantia de liberdade dos jurisdicionados. *Empório do Direito*, Florianópolis, 09 maio 2018. Coluna Associação Brasileira de Direito Processual. Disponível em: https://bit.ly/3nYCWBL. Acesso em: 23 dez. 2020.

COSTA, Eduardo José da Fonseca. Um reclamo aos processualistas civis, um alerta aos processualistas penais. *Empório do Direito*, Florianópolis, 12 fev. 2018. Coluna Associação Brasileira de Direito Processual. Disponível em: https://bit.ly/3mC8oUI. Acesso em: 20 nov. 2020.

COSTA, Eduardo José da Fonseca. O processo como instituição de garantia. *Consultor Jurídico*, São Paulo, 16 nov. 2016. Opinião. Disponível em: https://bit.ly/2WWdArD.

DALLA BARBA, Rafael Giorgio. Se o processo é uma garantia de liberdade, ele é um direito de defesa. *Empório do Direito*, Florianópolis, 27 jan. 2020. Coluna Garantismo Processual. Disponível em: https://bit.ly/2Z41LCw.

DIAS, Ronaldo Brêtas de Carvalho. *Processo Constitucional e Estado Democrático de Direito*. 3. ed. Belo Horizonte: Del Rey, 2015.

DIDIER JR., Fredie. *Curso de Direito Processual Civil*. V.1. 16. ed. Salvador: Juspodivm, 2015.

DIDIER JR., Fredie. *Curso de Direito Processual Civil*. 18. ed. Salvador: Juspodivm, 2017.

DINAMARCO, Cândido Rangel. O princípio do contraditório e sua dupla destinação. *In*: DINAMARCO, Cândido Rangel. *Fundamentos do Processo Civil Moderno*. 4. ed. São Paulo: Malheiros, 2001.

DOMIT, Otávio Augusto Dal Molin. *Iura Novit Curia e Causa de Pedir*: o juiz e a qualificação jurídica dos fatos no processo civil brasileiro. 1 ed. em *e-book* baseada na 1. ed. impressa. São Paulo: Revista dos Tribunais, 2016, Parte III, Cap. 3.2.

FRANCO, Marcelo Veiga. *O Processo Justo como Fundamento de Legitimidade da Jurisdição*. Dissertação (mestrado em Direito). Data da defesa: 31/07/2012. 185f. Universidade Federal de Minas Gerais, Belo Horizonte, 2012.

FRIGINI, Flávia Spinassé. *A Dimensão Dinâmica do Contraditório no Direito Processual Civil Cooperativo*: revisitando o dever de fundamentação das decisões judiciais. Dissertação (mestrado em Direito). Data da defesa: 03.05.2016. 98f. Universidade Federal do Espírito Santo, Vitória, 2016.

GIACOMOLI, Nereu José. *O Devido Processo Penal*: abordagem conforme a Constituição Federal e o Pacto de São José da Costa Rica. 3. ed. São Paulo: Atlas, 2016, versão eletrônica.

LEAL, André Cordeiro. *O Contraditório e a Fundamentação das Decisões no Direito Processual Democrático*. Belo Horizonte: Mandamentos, 2002.

MARTINS, Leonardo. *Tribunal Constitucional Federal Alemão*. Decisões anotadas sobre direitos fundamentais. V. III. São Paulo: Marcial Pons, 2019, p. 225.

MEDINA, Paulo Roberto Gouvêa de. *Iura Novit Curia*. A máxima e o mito. Salvador: Juspodivm, 2020.

MITIDIERO, Daniel. Fundamentação e precedente – Dois discursos a partir da decisão judicial. *Revista dos Tribunais Online*, Revista de Processo, Vol. 206, p. 61, abr./2012.

NERY JUNIOR, Nelson. *Princípios do Processo na Constituição Federal*. 10. ed. São Paulo: Revista dos Tribunais, 2010.

OLIVEIRA, Eugênio Pacelli de. *Curso de Processo Penal*. 24. ed. São Paulo: Atlas, 2020, versão eletrônica item 12.2.

SANTOS, Welber Queiroz dos. *Princípio do Contraditório e Vedação da Decisão Surpresa*. Rio de Janeiro: Forense, 2018, versão eletrônica.

SHENK, Leonardo Faria. *Cognição Sumária*. Limites impostos pelo contraditório no processo civil. São Paulo: Saraiva, 2013.

SICA, Heitor Vitor de Mendonça. *O Direito de Defesa no Processo Civil Brasileiro*. Um estudo sobre a posição do réu. São Paulo: Atlas, 2011.

SILVA, Ovídio A. Baptista da. *Jurisdição, Direito Material e Processo*. Rio de Janeiro: Forense, 2008.

SOUSA, Diego Crevelin de. *Imparcialidade*. A divisão funcional de trabalho entre partes e juiz a partir do contraditório. Belo Horizonte: Letramento/Casa do Direito, 2021.

SOUSA, Diego Crevelin de; SILVEIRA, Marcelo Pichioli da. Entre alma e corpo: o que diz o garantismo processual sobre as competências legislativas dos arts. 22, I, e 24, XI, CRFB. *In*: PEGINI, Adriana Regina Barcelos *et al.* (Org.). *Processo e Liberdade*. Estudos em homenagem a Eduardo José da Fonseca Costa. Londrina: Thoth, 2019, p. 297-307.

TOMÉ, Fabiana Del Padre. *A Prova no Direito Tributário*. 4. ed. São Paulo: Noeses, 2016.

Informação bibliográfica deste texto, conforme a NBR 6023:2018 da Associação Brasileira de Normas Técnicas (ABNT):

SOUSA, Diego Crevelin de. Intimação no processo penal em tempos de pandemia. *In*: BUFULIN, Augusto Passamani (Coord.). *Questões atuais de Direito Público*. Belo Horizonte: Fórum, 2022. p. 107-122. ISBN 978-65-5518-302-3.

IV
DIREITO ADMINISTRATIVO

CONTRATAÇÕES PÚBLICAS DE INOVAÇÃO TECNOLÓGICA: BREVE ANÁLISE DOS POSSÍVEIS IMPACTOS PROVOCADOS PELO MARCO LEGAL DAS STARTUPS (PROJETO DE LEI COMPLEMENTAR Nº 146/2019)

ROBERTO MORAES DIAS
MARCOS ALBERTO BALESTREIRO FILHO

1 Introdução

A revolução tecnológica, característica da denominada era da informação, transformou a realidade subjacente às contratações estatais, pressionando a adaptação do arcabouço normativo existente para acomodar novas possibilidades e limites de engajamento público-privado, na busca de produtos e soluções inovadores ainda não existentes ou em estágio incompleto de desenvolvimento. A necessidade de superar os gargalos dos serviços públicos e de melhorar a vida dos cidadãos já não se satisfaz com os recursos disponíveis no mercado. É preciso procurar o novo.

Mas explorar fronteiras desconhecidas traz sempre uma elevada dose de risco. Com a incerteza dos resultados como ingrediente típico desse modelo de negócios, não seria exagero afirmar que, sem um quadro normativo propício a lhes inspirar segurança jurídica, os gestores seriam naturalmente resistentes ao ambiente de contratações inovadoras, temerosos de incorrerem em sanções pessoais por malversação do dinheiro público.

Diagnosticado esse temor, nossa ordem jurídica vem implementando sucessivas tentativas de aprimoramento legislativo, a propósito de conferir mais conforto ao gestor, incentivando o ingresso da Administração nesse novo mercado. As iniciativas nesse sentido vão desde a Lei da Inovação,[1] nos idos de 2004, até o Marco Legal das Startups, em tramitação no Congresso Nacional.[2]

Este artigo busca mapear o caminho trilhado pelo legislador na procura de ampliar o mercado de encomendas tecnológicas, verificando sua capacidade de vencer a resistência do Poder Público em se enveredar por esse novo caminho. Para tanto, após esta breve introdução, traçaremos o panorama jurídico-normativo das contratações públicas de inovação tecnológica, identificando, de forma sucinta, as principais normas vocacionadas a impulsionar esse modo de contratação. No tópico seguinte, apontaremos as inovações propostas pelo Marco Legal das Startups. O quarto tópico se dedicará à análise de algumas das possibilidades e das deficiências do mencionado Marco Legal, tecendo breves considerações para alimentar o debate sobre a necessidade de um modelo fixo e predefinido para a contratação de um objeto em constante e acelerada mutação. Em sequência, serão apresentadas as considerações finais sobre as possibilidades de parceria entre a Administração e as Empresas de Tecnologia.

2 Panorama jurídico-normativo das contratações públicas de inovação tecnológica

O mundo contemporâneo passou por profundas transformações com o advento da era digital. As inovações tecnológicas se sucedem num ritmo cada vez mais acelerado, impactando a forma como os mercados se relacionam comercialmente. A procura por novas respostas para antigos problemas (ou dores, no jargão das empresas digitais) tem sido um importante fator de incentivo à contratação da busca de soluções inexistentes ou ainda não plenamente desenvolvidas.

---

[1] Lei nº 10.973/2004.

[2] Na data em que este breve trabalho é redigido, o Marco Legal das Startups (Projeto de Lei Complementar nº 146/2019) tramita no Congresso Nacional, estando suscetível a alterações pelo referido órgão legislativo e por eventuais vetos presidenciais. Já a nova Lei de Licitações aguarda sanção presidencial, motivo pelo qual também pode sofrer mudanças. Sem embargo, é preciso ressalvar que a possibilidade de modificações no texto final das leis que devem entrar em vigor não esvazia o objeto do artigo, o qual pretende justamente evidenciar que alterações legislativas, sem a transformação do ambiente institucional e o aproveitamento das possibilidades que o direito positivo já nos oferece, pouco serão capazes de impulsionar as contratações públicas de inovação tecnológica.

A necessidade de franquear o uso desse novo modo de engajamento contratual ao Estado, permitindo a utilização do orçamento público na corrida por inovações tecnológicas disruptivas, de resultados incertos, demandou a adaptação de nosso quadro normativo. Nossa Lei Geral das Licitações (Lei nº 8.666/1993) não previa a contratação direta de soluções inexistentes. A autorização legislativa, calcada na difundida ideia de submissão plena da atividade da Administração aos permissivos legais,[3][4] veio a lume com a Lei nº 10.973/2004, também conhecida como Lei da Inovação, cujo artigo 20, em sua redação original, assim dispunha:

> Art. 20. Os órgãos e entidades da administração pública, em matéria de interesse público, poderão contratar empresa, consórcio de empresas e entidades nacionais de direito privado sem fins lucrativos voltadas para atividades de pesquisa, de reconhecida capacitação tecnológica no setor, visando à realização de atividades de pesquisa e desenvolvimento, que envolvam risco tecnológico, para solução de problema técnico específico ou obtenção de produto ou processo inovador.[5]

Contudo, a alteração do plano normativo não foi suficiente para produzir as modificações esperadas no mundo fenomênico, criando um ambiente cultural propício à contratação do risco

---

[3] Celso Antônio Bandeira de Mello defende a ideia de que "a Administração Pública só pode ser exercida na conformidade da lei e que, de conseguinte, a atividade administrativa é atividade sublegal, infralegal, consistente na expedição de comandos complementares à lei" (BANDEIRA DE MELLO, Celso Antônio. *Curso de Direito Administrativo*. 28. ed. São Paulo: Malheiros, 2011, p. 100).

[4] A ideia da Administração como um braço mecânico do legislador já é superada pela doutrina mais moderna do Direito Administrativo, como tão bem ilustra o seguinte trecho da obra de Carlos Ari Sundfeld: "A Administração Pública de cada País, suas estruturas, suas competências, seus modelos de ação, foram construídos ao longo do tempo. Nisso, as leis tiveram – e têm – o seu papel, claro. Mas as soluções legais foram e são heterogêneas, com modelos e densidades muito variáveis. Grande parte dessas leis não contém a antecipação em abstrato de todos e cada um dos atos da Administração, embora elas sejam as responsáveis pela instituição das organizações estatais e pela autorização e delineamento de sua ação futura. As atividades administrativas escoradas nessas bases não podem ser definidas como mera execução de leis; há nelas, claro, implementação do que as leis preveem, mas a função criadora da Administração nesses casos não pode ser minimizada: essas atividades são muito mais que execução. Administrar também é criar, a partir das leis" (SUNDFELD, Carlos Ari. *Direito Administrativo para Céticos*. 2. ed. São Paulo: Malheiros, 2017, p. 236).

[5] BRASIL. *Lei Federal nº 10.973, de 2 de dezembro de 2004*. Dispõe sobre incentivos à inovação e à pesquisa científica e tecnológica no ambiente produtivo e dá outras providências. Disponível em: https://www.planalto.gov.br/ccivil_03/_ato2004-2006/2004/lei/l10.973.htm. Acesso em: 05 jan. 2021.

tecnológico. As atividades de pesquisa, desenvolvimento e inovação (PD&I), voltadas à obtenção de um produto ou de uma solução técnica para um problema específico, previamente identificado num termo de referência, continuavam estranhas ao cotidiano administrativo, embaladas pela resistência dos órgãos de controle e dos próprios gestores, atentos ao risco de sancionamento pessoal.

A ideia do formalismo como panaceia para a corrupção e a desconfiança edificada em torno das contratações diretas, amplificaram-se diante da indeterminação do objeto contratado e do expressivo risco de insucesso do empreendimento, desincentivando o desenvolvimento do tema, inclusive na seara acadêmica.

Para solucionar esse gargalo, imprimindo maior segurança jurídica a essa nova modalidade de contratação público-privada, a Lei nº 12.349/2010 acrescentou o inciso XXXI ao elenco do art. 24 de nossa Lei Geral de Licitações, apregoando a dispensa de licitação "nas contratações visando ao cumprimento do disposto nos arts. 3º, 4º, 5º e 20 da Lei nº 10.973, de 2 de dezembro de 2004, observados os princípios gerais de contratação dela constantes".[6]

Mais uma vez, a reformulação do plano legislativo não encontrou eco na prática administrativa e uma nova tentativa de aprimorar o tema, estabelecendo marcos mais claros para a matéria, foi veiculada por meio da edição da Lei nº 13.243/2016, que deu nova redação ao art. 20[7] da Lei da Inovação, afirmando expressamente

---

[6] BRASIL. *Lei Federal nº 12.349, de 15 de dezembro de 2010*. Altera as Leis nºs 8.666, de 21 de junho de 1993, 8.958, de 20 de dezembro de 1994, e 10.973, de 2 de dezembro de 2004; e revoga o §1º do art. 2º da Lei nº 11.273, de 6 de fevereiro de 2006. Disponível em: http://www.planalto.gov.br/ccivil_03/_ato2007-2010/2010/lei/l12349.htm#:~:text=Os%20editais%20de%20licita%C3%A7%C3%A3o%20para,processo%20ison%C3%B4mico%2C%20medidas%20de%20compensa%C3%A7%C3%A3o. Acesso em: 05 jan. 2021.

[7] "Art. 20. Os órgãos e entidades da administração pública, em matéria de interesse público, poderão contratar diretamente ICT, entidades de direito privado sem fins lucrativos ou empresas, isoladamente ou em consórcios, voltadas para atividades de pesquisa e de reconhecida capacitação tecnológica no setor, visando à realização de atividades de pesquisa, desenvolvimento e inovação que envolvam risco tecnológico, para solução de problema técnico específico ou obtenção de produto, serviço ou processo inovador" (BRASIL. *Lei Federal nº 13.243, de 11 de janeiro de 2016*. Dispõe sobre estímulos ao desenvolvimento científico, à pesquisa, à capacitação científica e tecnológica e à inovação e altera a Lei nº 10.973, de 2 de dezembro de 2004, a Lei nº 6.815, de 19 de agosto de 1980, a Lei nº 8.666, de 21 de junho de 1993, a Lei nº 12.462, de 4 de agosto de 2011, a Lei nº 8.745, de 9 de dezembro de 1993, a Lei nº 8.958, de 20 de dezembro de 1994, a Lei nº 8.010, de 29 de março de 1990, a Lei nº 8.032, de 12 de abril de 1990, e a Lei nº 12.772, de 28 de dezembro de 2012, nos termos da Emenda Constitucional nº 85, de 26 de fevereiro de 2015.

a possibilidade de contratação direta das atividades de pesquisa, desenvolvimento e inovação envolvendo risco tecnológico.

Passados mais 02 (dois) anos, em fevereiro de 2018 veio a lume o Decreto Federal nº 9.283, a propósito de regulamentar a Lei da Inovação. Referido diploma nos trouxe a definição do risco tecnológico, conceituando-o como a "possibilidade de insucesso no desenvolvimento de solução, decorrente de processo em que o resultado é incerto em função do conhecimento técnico-científico insuficiente à época em que se decide pela realização da ação" (art. 3º, inc. III).[8]

Como é fácil perceber, um longo hiato mediou a edição da Lei da Inovação, em 2004, e a definição do conceito fundamental em torno do qual aquele texto legal foi construído, em 2018. A determinação das fronteiras do risco tecnológico constituiu um importante aprimoramento para o desenho normativo dessa espécie de contratação, deixando marcada a possibilidade do fim almejado não se concretizar, sem que esse insucesso se caracterize como inadimplemento ou como causa de ruptura do contrato, exceto quando fundado em erro grosseiro, culpa grave ou dolo substancial do contratado.[9]

Mas mesmo diante de um desenho normativo mais robusto, ainda são muitos os desafios que se colocam perante o administrador. A correta identificação do estado da arte na área de conhecimento

---

Disponível em: http://www.planalto.gov.br/ccivil_03/_ato2015-2018/2016/lei/l13243.htm. Acesso em: 05 jan. 2021).

[8] BRASIL. *Decreto nº 9.283, de 7 de fevereiro de 2018*. Regulamenta a Lei nº 10.973, de 2 de dezembro de 2004, a Lei nº 13.243, de 11 de janeiro de 2016, o art. 24, §3º, e o art. 32, §7º, da Lei nº 8.666, de 21 de junho de 1993, o art. 1º da Lei nº 8.010, de 29 de março de 1990, e o art. 2º, *caput*, inciso I, alínea "g", da Lei nº 8.032, de 12 de abril de 1990, e altera o Decreto nº 6.759, de 5 de fevereiro de 2009, para estabelecer medidas de incentivo à inovação e à pesquisa científica e tecnológica no ambiente produtivo, com vistas à capacitação tecnológica, ao alcance da autonomia tecnológica e ao desenvolvimento do sistema produtivo nacional e regional. Disponível em: http://www.planalto.gov.br/ccivil_03/_ato2015-2018/2018/decreto/d9283.htm. Acesso em: 05 jan. 2021.

[9] Nesse sentido, a balizada opinião de Sérgio Ferraz, para quem "[...] a eventual frustração não desencadeará, em princípio, sanções ou mesmo a extinção automática do pacto, a não ser que comprovado erro grosseiro, culpa grave, dolo substancial ou desídia, na execução, pelo contratado, da pesquisa, do seu desenvolvimento ou da concretização do resultado desejado" (FERRAZ, Sérgio. Contrato administrativo de inovação tecnológica: uma aproximação. In: *Revista de Direito Administrativo e Infraestrutura – RDAI*, São Paulo, vol. 13, p. 6, abr.-jun. 2020. Disponível em: https://dspace.almg.gov.br/handle/11037/37768. Acesso em: 05 jan. 2021).

do objeto que se pretende contratar, para divisar os casos onde o binômio inovação/risco científico-tecnológico de frustração não emerge da mera ignorância administrativa, é um deles, sobretudo considerando a heterogeneidade de nossos múltiplos entes federativos. A certeza quanto à inviabilidade da disputa pelo direito de buscar a solução mais adequada para o problema identificado no termo de referência é outro.

Uma outra questão que se coloca é saber se as particularidades das empresas de tecnologia de operação recente legitimaria um tratamento diferenciado em relação a elas. O denominado Marco Legal das Startups, em trâmite pelo Congresso Nacional, busca endereçar esse desafio, como se verá no tópico subsequente.

3 Inovações presentes no Projeto de Lei Complementar nº 146/2019

Proposto com o objetivo declarado de estabelecer condições mais favoráveis à criação de *startups* no país,[10] o texto-base do Projeto de Lei Complementar nº 146/2019 foi aprovado pela Câmara dos Deputados no dia 14 de dezembro de 2020 e encaminhado à análise do Senado Federal.[11] Ainda pode sofrer alterações, inclusive por força de eventuais vetos presidenciais, mas o interesse do Poder Executivo na matéria indica que o Marco Legal das Startups caminha para se tornar realidade.[12]

---

[10] BRASIL. Congresso Nacional. *Projeto de Lei Complementar nº 146, de 29 de maio de 2019.* Dispõe sobre startups e apresenta medidas de estímulo à criação dessas empresas e estabelece incentivos aos investimentos por meio do aprimoramento do ambiente de negócios no País. Disponível em: https://www.camara.leg.br/proposicoesWeb/prop_mostrarintegra?codteor=1757419&filename=PLP+146/2019. Acesso em: 26 dez. 2020.

[11] PIOVESAN, Eduardo; SIQUEIRA, Carol. *Câmara dos Deputados aprova marco legal das startups.* Câmara dos Deputados. Disponível em: https://www.camara.leg.br/noticias/715720-camara-dos-deputados-aprova-marco-legal-das-startups/. Acesso em: 26 dez. 2020.

[12] No corrente ano, o Poder Executivo também apresentou a sua proposta legislativa para instituição do Marco Legal das Startups, registrando expressamente na justificativa do projeto que o novo arcabouço legal se prestaria a alavancar o ecossistema de *startups* e apoiar o desenvolvimento do empreendedorismo inovador, o que evidencia o interesse do Governo Federal na matéria (BRASIL. Congresso Nacional. *Projeto de Lei Complementar nº 249, de 20 de outubro de 2020.* Institui o marco legal das startups e do empreendedorismo inovador. Disponível em: https://www.camara.leg.br/proposicoesWeb/prop_mostrarintegra;jsessionid=node01jwzi00f0djpp187i2rcuzemg06142297.node0?codteor=1936965&filename=PLP+249/2020. Acesso em: 26 dez. 2020).

Cabe, então, destacar as novidades encontradas na referida proposição legislativa com potencial de impactar as contratações de inovação tecnológica pelo Poder Público.[13]

O primeiro ponto que merece esclarecimento é o próprio conceito rígido e inflexível de *startup* proposto pelo legislador.[14] De acordo com o *caput* do artigo 4º, as *startups* são organizações empresariais ou societárias, nascentes ou em operação recente, com atuação caracterizada por modelo de negócios, produtos ou serviços inovadores. Devem ser constituídas sob o formato de empresário individual, empresa individual de responsabilidade limitada, sociedade cooperativa ou sociedade simples (§1º), com receita bruta de até R$16.000.000,00 (dezesseis milhões de reais) no ano-calendário anterior e, no máximo, 10 (dez) anos de inscrição no Cadastro Nacional da Pessoa Jurídica (CNPJ). Além disso, precisam atender ao menos a uma das seguintes exigências legais: a) fazer constar declaração de que se trata de uma *startup* em seu ato constitutivo ou alterador e utilizar modelos de negócios inovadores para a geração de produtos ou serviços, na forma do artigo 2º, *caput*, IV, da Lei nº 10.973/2004; ou b) ser enquadrada no regime especial Inova Simples, previsto no artigo 65-A da Lei Complementar nº 123/2006.

Para os contratos administrativos, esse conceito é importante porque o artigo 9º do Projeto de Lei Complementar nº 146/2019 autoriza que sociedades empresárias que possuam obrigações de investimento em pesquisa, desenvolvimento e inovação, decorrentes de outorgas ou de delegações firmadas por meio de agências reguladoras, cumpram seus compromissos com aporte de recursos nas pessoas jurídicas que atendam à definição legal de *startup*.

Outra inovação que pode ser destacada é a que consta do artigo 11, o qual permite que órgãos e entidades da Administração

---

[13] A íntegra do texto-base em trâmite perante o Congresso Nacional encontra-se anexa ao Ofício nº 787/2020/SGM-P, encaminhado pelo Deputado Rodrigo Maia ao Senado Federal após aprovação do Projeto de Lei Complementar nº 146/2019 pela Câmara dos Deputados. Vide: BRASIL. Câmara dos Deputados. *Ofício nº 787/2020/SGM-P*. Brasília, DF: Câmara dos Deputados, 16 dez. 2020. Disponível em: https://legis.senado.leg.br/sdleg-getter/documento?dm=8914882&ts=1608579402092&disposition=inline. Acesso em: 26 dez. 2020.

[14] Diferente do que é visto no artigo 65-A da Lei Complementar nº 123/2006, incluído pela Lei Complementar nº 167/2019, que apresenta critérios menos objetivos e, portanto, mais flexíveis.

Pública com competência de regulamentação setorial afastem a incidência de normas sob sua competência em relação à entidade regulada ou aos grupos de entidades reguladas, no âmbito de programas de ambiente regulatório experimental (*sandbox* regulatório).[15] Este dispositivo possui ampla aplicação, razão pela qual nada impede que seja utilizado para o fomento de modelos de negócios disruptivos destinados nitidamente ao setor privado ou que seja explorado nas relações público-privadas, quiçá para o desenvolvimento de técnicas e tecnologias inovadoras voltadas à prestação de serviços públicos essenciais. Para tanto, basta que o ato seja motivado, contenha previsão acerca do funcionamento do programa a ser desenvolvido e estabeleça: i) os critérios para seleção ou para qualificação dos participantes; ii) as normas abrangidas; e iii) a duração e o alcance da suspensão da incidência das normas.

Destarte, também é nova a forma de contratação de soluções inovadoras pela Administração Pública idealizada no Capítulo IV (art. 12 ao 15) do Marco Legal das Startups proposto.

No artigo 12, são fixadas diretrizes gerais a serem observadas nessas licitações e contratos, como as predefinidas finalidades de resolver demandas públicas que exijam solução inovadora com emprego de tecnologia e de promover a inovação no setor produtivo por meio do uso do poder de compra do Estado (incisos I e II); a subordinação de órgãos e entidades da Administração Pública direta, autárquica e fundacional de quaisquer Poderes da União, dos Estados, do Distrito Federal e dos Municípios ao regime legal previsto (§1º); a autorização para que empresas públicas,

---

[15] Nos termos do art. 2º, II, do Marco Legal das Startups proposto, ambiente regulatório experimental (*sandbox* regulatório) consiste em um "conjunto de condições especiais simplificadas para que as pessoas jurídicas participantes possam receber autorização temporária dos órgãos ou das entidades com competência de regulamentação setorial para desenvolver modelos de negócios inovadores e testar técnicas e tecnologias experimentais, mediante o cumprimento de critérios e de limites previamente estabelecidos pelo órgão ou entidade reguladora e por meio de procedimento facilitado" (BRASIL. Congresso Nacional. *Projeto de Lei Complementar nº 146, de 29 de maio de 2019*. Institui o marco legal das startups e do empreendedorismo inovador; e altera as Leis nºs 8.212, de 24 de julho de 1991, 7.713, de 22 de dezembro de 1988, 6.404, de 15 de dezembro de 1976, 11.196, de 21 de novembro de 2005, e a Lei Complementar nº 123, de 14 de dezembro de 2006. Disponível em: https://legis.senado.leg.br/sdleg-getter/documento?dm=8914882&ts=1608579402092&disposition=inline. Acesso em: 26 dez. 2020).

sociedades de economia mista e subsidiárias façam uso no que couber da novel legislação (§2º); e a possibilidade da atualização anual dos valores previstos no Capítulo IV pelo Poder Executivo federal, com base no IPCA (§3º).

Já o extenso artigo 13 possibilita deslocar parcialmente a contratação de soluções inovadoras, com ou sem risco tecnológico, para fora da Lei nº 8.666/1993 ao criar uma modalidade especial de licitação. Dado o seu caráter excepcional, são propostos mecanismos que simplificam o certame, a exemplo da dispensa de documentos e de garantia, bem como da autorização para que o escopo da licitação seja restrito à indicação do problema a ser resolvido e dos resultados esperados pela Administração Pública. Acrescido a isso, o procedimento a ser seguido pelo licitante encontra-se detalhadamente descrito, com destaque para a composição da comissão de avaliação e julgamento das propostas, integrada por, no mínimo, 3 (três) pessoas de reputação ilibada e reconhecido conhecimento no assunto, das quais uma deve ser servidor público integrante do órgão para o qual o serviço está sendo contratado e outra professor de universidade pública na área relacionada ao tema da contratação (§3º).

São, ainda, inovações dignas de nota presentes no artigo 13 os critérios de julgamento especificamente criados para avaliar as propostas inovadoras (§4º); a mitigação da importância do preço enquanto critério de julgamento (§5º); a possibilidade de seleção de mais de uma proposta (§6º), de negociação direta com os selecionados para obtenção de condições econômicas mais vantajosas (§9º) e até mesmo de contratação por preço superior à estimativa, mediante justificativa expressa na qual deverá constar a relação de custo e benefício da proposta (§10).

Não menos detalhados são os requisitos de validade do Contrato Público para Solução Inovadora (CPSI) a ser celebrado após a homologação do resultado da licitação, dispostos no artigo 14. A vigência limitada a 12 (doze) meses, prorrogáveis por igual período (*caput*), e o valor máximo de R$1.600.000,00 (um milhão e seiscentos mil reais) por CPSI são restrições importantes (§2º). De igual modo, são relevantes as cláusulas obrigatórias contidas nos incisos do parágrafo primeiro, porquanto fornecem o arquétipo mínimo contratual a regular questões sensíveis, como são as metas a serem atingidas para que seja possível a validação do êxito da solução inovadora, os relatórios de andamento de execução contratual, a matriz de risco entre as partes, a definição da titularidade dos direitos de propriedade intelectual das criações resultantes do contrato e a participação nos resultados de sua exploração. Os parágrafos do dispositivo trazem também cinco formas de remuneração (§3º), além de hipóteses para o pagamento proporcional aos trabalhos executados (§4º), pagamento do preço ainda que não sejam atingidos os resultados esperados (§5º) e pagamento antecipado para viabilizar a etapa inicial do desenvolvimento da solução contratada (§7º).

Encerrado o CPSI, o artigo 15 do Projeto de Lei Complementar nº 146/2019 autoriza a Administração Pública a celebrar com a mesma contratada, sem a necessidade de nova licitação, "contrato para o fornecimento do produto, do processo ou da solução resultante do CPSI ou, se for o caso, para integração da solução à infraestrutura tecnológica ou ao processo de trabalho da administração pública".[16] Caso haja mais de um contratado, o instrumento deve ser entabulado com aquele que ofereceu a melhor solução inovadora às demandas públicas, mediante justificativa técnica (§1º). A proposição legislativa prevê prazo determinado de 24 (vinte e quatro) meses, também prorrogáveis por igual período (§2º). E o valor máximo permitido é de R$8.000.000,00 (oito milhões de reais), incluídas as eventuais prorrogações, ressalvada a possibilidade de ultrapassar o limite nos casos de reajuste de preços e dos acréscimos versados no artigo 65, §1º, da Lei nº 8.666/1993 (§3º).

Em geral, até aqui, viu-se de forma meramente descritiva as inovações presentes no Projeto de Lei Complementar nº 146/2019 relativas às contratações pelo Poder Público. A análise acerca daquela que parece ser a grande possibilidade aberta pelo Marco Legal das Startups e dos obstáculos trazidos pelo texto legal proposto será objeto do tópico seguinte.

---

[16] BRASIL. Congresso Nacional. *Projeto de Lei Complementar nº 146, de 29 de maio de 2019* (substitutivo). Institui o marco legal das startups e do empreendedorismo inovador; e altera as Leis nºs 8.212, de 24 de julho de 1991, 7.713, de 22 de dezembro de 1988, 6.404, de 15 de dezembro de 1976, 11.196, de 21 de novembro de 2005, e a Lei Complementar nº 123, de 14 de dezembro de 2006. Disponível em: https://legis.senado.leg.br/sdleg-getter/documento?dm=8914882&ts=1608579402092&disposition=inline. Acesso em: 26 dez. 2020.

4 Da grande possibilidade aberta pelo Marco Legal das Startups aos desafios trazidos pelo texto legal proposto no Projeto de Lei Complementar nº 146/2019

Há alguns anos parcela da doutrina administrativista vem denunciando a crise de ineficiência pelo controle.[17] Frente aos riscos de decidir questões sensíveis e ter de enfrentar órgãos de controle cada vez mais rigorosos, muitos administradores públicos escolheram a autoproteção (ou, melhor dizendo, a inércia). Aos poucos, desistiram de decidir e fizeram como principal vítima a inovação no âmbito do Poder Público.[18][19]

Nesse cenário, onde a discricionariedade administrativa é vista com desconfiança, a grande possibilidade aberta pelo Marco Legal das Startups é a ruptura do medo da inovação. Em conjunto com o arcabouço normativo já existente para as contratações públicas de soluções inovadoras, somado aos acréscimos recentes à Lei de Introdução às Normas do Direito Brasileiro (LINDB) pela Lei nº 13.655/2018, o texto legal proposto no Projeto de Lei Complementar nº 146/2019 pode contribuir para que o gestor público sinta a segurança jurídica necessária para resolver demandas públicas por meio da contratação de atividades de pesquisa, desenvolvimento e inovação (PD&I). Isto é, pensar soluções heterodoxas. Assumir riscos que definitivamente estão dentro da sua esfera de competência, amparados pela lei, ainda que não sejam atingidos os resultados esperados.

---

[17] GUIMARÃES, Fernando Vernalha. O Direito Administrativo do Medo: a crise da ineficiência pelo controle. *Direito do Estado*, n. 71, 2016. Disponível em: http://www.direitodoestado.com.br/colunistas/fernando-vernalha-guimaraes/o-direito-administrativo-do-medo-a-crise-da-ineficiencia-pelo-controle. Acesso em: 29 dez. 2020.

[18] GUIMARÃES, Fernando Vernalha. O Direito Administrativo do Medo: a crise da ineficiência pelo controle. *Direito do Estado*, n. 71, 2016. Disponível em: http://www.direitodoestado.com.br/colunistas/fernando-vernalha-guimaraes/o-direito-administrativo-do-medo-a-crise-da-ineficiencia-pelo-controle. Acesso em: 29 dez. 2020.

[19] NIEBUHR, Joel de Menezes; NIEBUHR, Pedro de Menezes. Administração Pública do Medo. *Jota*, 09 nov. 2017. Disponível em: https://www.jota.info/paywall?redirect_to=//www.jota.info/opiniao-e-analise/artigos/administracao-publica-do-medo-09112017. Acesso em: 29 dez. 2020.

Decerto, se o Marco Legal das Startups permitir a superação do estado de inércia atual de grande parte dos administradores públicos no que diz respeito à contratação de soluções inovadoras, algo que se almeja desde a elaboração da Lei nº 10.973/2004, sem dúvidas o legislador terá atuado de forma decisiva para transformar a eficiência da Administração Pública. Alguns percalços, porém, estão presentes no texto que tramita perante o Senado Federal.

A opção pelo conceito rígido de *startup* (art. 4º) descrito no tópico anterior, com limitação objetiva de receita bruta e de tempo de inscrição no CNPJ, mostra-se bem mais inflexível do que aquele contido no artigo 65-A da Lei Complementar nº 123/2006 ou no artigo 80, §4º, da nova Lei de Licitações.[20] E, por certo, a inflexibilidade não é uma característica que combina com a proposta de empresas do tipo *startup*. Ao assim agir, o legislador limita o alcance do artigo 9º do Projeto de Lei Complementar nº 146/2019, o qual autoriza as sociedades empresárias que possuem obrigações de investimentos em PD&I por força de contrato administrativo a cumprir seus compromissos com aporte de recursos em *startups*. Por isso, tal como previsto na norma complementar vigente, o ideal seria identificar as *startups* pela sua característica inovadora. Ou seja, considerar *startup* "a empresa de caráter inovador que visa a aperfeiçoar sistemas, métodos ou modelos de negócio, de produção, de serviços ou de produtos".[21]

Outra previsão com potencial para obstaculizar a contratação de soluções inovadoras pelo Poder Público é a que limita ao valor de

---

[20] Esse dispositivo inserto na provável substituta da Lei nº 8.666/1993 define as *startups* como sendo "os microempreendedores individuais, as microempresas e as empresas de pequeno porte, de natureza emergente e com grande potencial, que se dediquem à pesquisa, ao desenvolvimento e à implementação de novos produtos ou serviços baseados em soluções tecnológicas inovadoras que possam causar alto impacto" (BRASIL. Congresso Nacional. *Projeto de Lei nº 4253, de 2020* (substitutivo da Câmara dos Deputados aos Projetos de Lei nºs 163, de 1995; e 559, de 2013). Disponível em: https://legis.senado.leg.br/sdleg-getter/documento?dm=8879045&ts=1608807109490&dispositio n=inline. Acesso em: 05 jan. 2021).

[21] BRASIL. *Lei Complementar nº 123, de 14 de dezembro de 2006*. Institui o Estatuto Nacional da Microempresa e da Empresa de Pequeno Porte; altera dispositivos das Leis nº 8.212 e 8.213, ambas de 24 de julho de 1991, da Consolidação das Leis do Trabalho – CLT, aprovada pelo Decreto-Lei nº 5.452, de 1º de maio de 1943, da Lei nº 10.189, de 14 de fevereiro de 2001, da Lei Complementar nº 63, de 11 de janeiro de 1990; e revoga as Leis nº 9.317, de 5 de dezembro de 1996, e 9.841, de 5 de outubro de 1999. Disponível em: planalto.gov.br/ccivil_03/leis/lcp/lcp123.htm. Acesso em: 05 jan. 2021.

R$ 8.000.000,00 (oito milhões de reais) os contratos de fornecimento (art. 15). Ora, realizada a licitação, pactuado o Contrato Público para Solução Inovadora (CPSI) e atingidos os resultados esperados, não se justifica a fixação de valor tão baixo para contratar o fornecimento de produtos ou serviços que podem revolucionar a eficiência da Administração Pública. Para o caso de soluções inovadoras que rompam paradigmas na prestação de serviços públicos essenciais, por exemplo, há a real possibilidade de que os benefícios atingidos superem em muito o teto legal. Logo, se o legislador busca viabilizar o desenvolvimento e a aquisição de tecnologias disruptivas para o setor público, deve repensar a fixação do referido limite, seja para extingui-lo, flexibilizá-lo ou ajustá-lo a valores mais condizentes com as inovações desejadas.

Também anotamos que, em um terreno onde o medo é a regra, as remissões à Lei nº 8.666/1993, presentes no Marco Legal das Startups, podem gerar insegurança na dispensa de documentos para licitação (art. 13, §8º, I) e no valor máximo da contratação prorrogada (art. 15, §3º). Com efeito, parece recomendável que o Senado Federal altere esses dois pontos do texto legal proposto no Projeto de Lei Complementar nº 146/2019 para compatibilizá-lo com aquele aprovado pelo Congresso Nacional para a nova Lei de Licitações.

Por fim, merece uma análise mais aprofundada a escolha por criar uma modalidade especial de licitação para a contratação de soluções tecnológicas (art. 13). Afinal, desde a edição da Lei nº 10.973/2004 são conhecidas as dificuldades de licitar a encomenda de uma atividade de pesquisa, desenvolvimento e inovação (PD&I), envolvendo risco tecnológico, para a busca de solução para um problema específico ou a obtenção de um produto inovador. A ampliação das possibilidades de contratação de soluções inovadoras é elogiável, mas se a incerteza do resultado almejado é inerente a esse tipo de negócio, seria mesmo mais adequado licitar e contratar sem garantia de que o produto ou serviço atenderá às expectativas? Para contratar soluções inovadoras, é preciso superar os rígidos padrões formais de contratação, sob pena de condenar o setor público à eterna defasagem tecnológica. Modelos de contratação mais fluidos poderiam aumentar o elenco de possíveis interessados na busca da tecnologia almejada pelo Poder Público.

O nosso arcabouço jurídico já contempla essa possibilidade.[22] Exemplo disso foi o Pitch SABESP (edital de chamamento público nº 001/2018, destinado à apresentação de soluções inovadoras), um ótimo programa para contratação de *startups* realizado pela empresa de saneamento básico do estado de São Paulo, que listou 27 desafios a serem enfrentados pela companhia e contou com 585 inscrições de interessados em desenvolver soluções, com amparo no artigo 20 da Lei nº 10.973/2004 e no artigo 24, XXXI, da Lei nº 8.666/1993.[23] Outro caso que sobreleva destacar foi a criação de procedimentos flexíveis para o fomento às parcerias com entidades privadas de inovação tecnológica regional pela Lei Complementar nº 929/2019 do Estado do Espírito Santo[24] (que buscou fundamento de validade na legislação federal posta).

Na doutrina especializada, sugestões para ampliação das possibilidades de a Administração Pública buscar soluções inovadoras também são vistas. Vera Monteiro e Karla Bertocco Trindade defendem que essas contratações possam ser realizadas "por meio de contrato de resultado, com previsão de pagamento condicionado ao atingimento de metas, as quais seriam capazes de medir a inovação gerada no setor alvo do contrato".[25] Para as autoras, o ideal seria que o objeto do contrato não fosse uma inovação específica, mas o atingimento dos resultados desejados, incumbindo ao contratado

---

[22] Além disso, o Estado já dispõe de ampla liberdade para contratar. Como apregoa Vera Monteiro, "a legislação sobre contratações públicas não é exaustiva quanto a instituição dos modelos contratuais que podem ser empregados pela Administração. Muito pelo contrário. As contratações públicas foram disciplinadas de maneira genérica, prevendo-se cláusulas gerais que deveriam constar em qualquer tipo de pacto, mas sem excluir outras previsões. Qualquer modelo contratual previsto em lei, desde que não contrarie as previsões específicas da legislação geral, pode ser empregado pelas entidades integrantes da Administração Pública" (MONTEIRO, Vera. *Concessão*. São Paulo: Malheiros, 2010, p. 60).

[23] MONTEIRO, Vera. Contratação de startups: o Pitch SABESP é uma boa ideia. *Jota*, 18 dez. 2018. Disponível em: https://www.jota.info/coberturas-especiais/inova-e-acao/contratacao-de-startups-o-pitch-sabesp-e-uma-boa-ideia-18122018. Acesso em: 29 dez. 2020.

[24] ESPÍRITO SANTO. *Lei Complementar nº 929, de 25 de novembro de 2019*. Institui instrumentos e procedimentos para o fomento às parcerias entre o Estado do Espírito Santo e as entidades privadas de inovação tecnológica regional. Disponível em: http://www3.al.es.gov.br/Arquivo/Documents/legislacao/html/LEC9292019.html. Acesso em: 05 jan. 2021.

[25] MONTEIRO, Vera; TRINDADE, Karla Bertocco. Contratação de inovação por governo. *Jota*, 12 nov. 2019. Disponível em: https://www.jota.info/coberturas-especiais/inova-e-acao/contratacao-de-inovacao-por-governo-12112019. Acesso em: 29 dez. 2020.

apresentar a solução que melhor atendesse à demanda do ente público,[26] numa relação público-privada muito mais maleável do que aquela prevista nas rígidas formas legais.

Talvez a ideia principal que se deva extrair desses exemplos e sugestões seja a necessidade de incentivar o experimentalismo na Administração Pública. A prática demonstra que a tentativa de compartimentar a atividade administrativa, enquadrando-a em modelos fixos e preconcebidos, a propósito de prevenir malfeitos, pode não ser uma boa ideia quando se trata da busca e da contratação de tecnologia disruptiva. Isso porque a dinâmica desse mercado se altera num ritmo acelerado e a atualidade da resposta pode se perder nos entraves burocráticos do processo de licitação/contratação, por mais ágil que ele seja. Desse modo, se quisermos uma Administração Pública mais eficiente, conectada com as transformações da realidade que a circunda e acessível às novas possibilidades de melhoria dos serviços públicos e da vida dos cidadãos, precisamos romper com a desconfiança em torno das opções do gestor.

É preciso coragem para inovar. As fraudes e os desvios devem ser punidos, mas não as tentativas de superar os desafios públicos mediante soluções inovadoras, cuja avaliação deve considerar "os obstáculos e as dificuldades reais do gestor e as exigências das políticas públicas a seu cargo",[27] como nos orienta o artigo 22 da Lei de Introdução às Normas do Direito Brasileiro (LINDB).

5 Considerações finais

Na tentativa de qualificar a segurança jurídica das contratações públicas de inovação tecnológica, mediante a alteração do arcabouço normativo, nosso legislador vem dando passos importantes. A dispensa de licitação e a legitimação da possibilidade

---

[26] MONTEIRO, Vera; TRINDADE, Karla Bertocco. Contratação de inovação por governo. *Jota*, 12 nov. 2019. Disponível em: https://www.jota.info/coberturas-especiais/inova-e-acao/contratacao-de-inovacao-por-governo-12112019. Acesso em: 29 dez. 2020.

[27] BRASIL. *Decreto-lei nº 4.657, de 4 de setembro de 1942*. Lei de Introdução às normas do Direito Brasileiro. Disponível em: http://www.planalto.gov.br/ccivil_03/decreto-lei/del4657compilado.htm. Acesso em: 05 jan. 2021.

de insucesso da solução ou do produto contratado em função do estágio do conhecimento técnico-científico à época da contratação, são exemplos notórios da caminhada rumo à implementação desse mercado, onde os benefícios serão mútuos. A iniciativa privada será favorecida pela potencial ampliação de seu mercado consumidor, ao passo que a Administração Pública terá acesso a expedientes inovadores para resolução de suas demandas novas ou antigas.

Ao que tudo indica, o próximo passo na transformação do ambiente das contratações públicas de inovação tecnológica será a aprovação do Marco Legal das Startups (Projeto de Lei Complementar nº 146/2019). Contudo, a própria dinâmica desse mercado, sujeito a uma acelerada evolução, coloca em xeque os resultados esperados com tal iniciativa. Suas disposições sobre contratações públicas de soluções inovadoras são menos fluidas e maleáveis do que se espera. Muitas vezes, o texto proposto apresenta conceitos rígidos e limitadores, como quando define *startup* no artigo 4º a partir de critérios extremamente objetivos ou quando impõe limite de valor aos contratos de fornecimento, previstos no artigo 15, desprezando a possibilidade de que os benefícios dos produtos ou serviços desenvolvidos no âmbito do Contrato Público para Solução Inovadora (CPSI) superem o teto legal.

Além disso, o mapeamento das possibilidades e dos limites de atuação dos gestores, já existentes em nosso direito positivo, indica não ser por falta de respaldo normativo para contratações de encomendas tecnológicas que esse mercado não decola. Em matéria de contratações públicas, a Administração desfruta de ampla liberdade. O problema parece ser de outra ordem, mais afeto à resistência dos órgãos de controle, à desconfiança em relação às escolhas discricionárias e ao próprio temor dos gestores em relação ao risco de inovar e ser sancionado por isso.

As inovações legislativas são importantes, mas sem a transformação do ambiente institucional, seguiremos fadados à obsolescência tecnológica, engatinhando num terreno onde o deslocamento ocorre em velocidade acelerada. Mais do que modificar as leis, é preciso enxergar (e implementar) as possibilidades que o direito positivo já nos oferece nesta área.

Referências

BANDEIRA DE MELLO, Celso Antônio. *Curso de Direito Administrativo*. 28. ed. São Paulo: Malheiros, 2011.

BRASIL. Câmara dos Deputados. *Ofício nº 787/2020/SGM-P*. Brasília, DF: Câmara dos Deputados, 16 dez. 2020. Disponível em: https://legis.senado.leg.br/sdleg-getter/docu mento?dm=8914882&ts=1608579402092&disposition=inline. Acesso em: 26 dez. 2020.

BRASIL. Congresso Nacional. *Projeto de Lei Complementar nº 146, de 29 de maio de 2019*. Dispõe sobre startups e apresenta medidas de estímulo à criação dessas empresas e estabelece incentivos aos investimentos por meio do aprimoramento do ambiente de negócios no País. Disponível em: https://www.camara.leg.br/proposicoesWeb/prop_mo strarintegra?codteor=1757419&filename=PLP+146/2019. Acesso em: 26 dez. 2020.

BRASIL. Congresso Nacional. *Projeto de Lei Complementar nº 249, de 20 de outubro de 2020*. Institui o marco legal das startups e do empreendedorismo inovador. Disponível em: https://www.camara.leg.br/proposicoesWeb/prop_mostrarintegra;jsessionid=node01j wzi00f0djpp187i2rcuzemg06142297.node0?codteor=1936965&filename=PLP+249/2020. Acesso em: 26 dez. 2020.

BRASIL. Congresso Nacional. *Projeto de Lei nº 4253, de 2020* (substitutivo da Câmara dos Deputados aos Projetos de Lei nºs 163, de 1995; e 559, de 2013). Disponível em: https:// legis.senado.leg.br/sdleg-getter/documento?dm=8879045&ts=1608807109490&dispositi on=inline. Acesso em: 05 jan. 2021.

BRASIL. *Decreto-lei nº 4.657, de 4 de setembro de 1942*. Lei de Introdução às normas do Direito Brasileiro. Disponível em: http://www.planalto.gov.br/ccivil_03/decreto-lei/ del4657compilado.htm. Acesso em: 05 jan. 2021.

BRASIL. *Decreto nº 9.283, de 7 de fevereiro de 2018*. Regulamenta a Lei nº 10.973, de 2 de dezembro de 2004, a Lei nº 13.243, de 11 de janeiro de 2016, o art. 24, §3º, e o art. 32, §7º, da Lei nº 8.666, de 21 de junho de 1993, o art. 1º da Lei nº 8.010, de 29 de março de 1990, e o art. 2º, caput, inciso I, alínea "g", da Lei nº 8.032, de 12 de abril de 1990, e altera o Decreto nº 6.759, de 5 de fevereiro de 2009, para estabelecer medidas de incentivo à inovação e à pesquisa científica e tecnológica no ambiente produtivo, com vistas à capacitação tecnológica, ao alcance da autonomia tecnológica e ao desenvolvimento do sistema produtivo nacional e regional. Disponível em: http://www.planalto.gov.br/ ccivil_03/_ato2015-2018/2018/decreto/d9283.htm. Acesso em: 05 jan. 2021.

BRASIL. *Lei Complementar nº 123, de 14 de dezembro de 2006*. Institui o Estatuto Nacional da Microempresa e da Empresa de Pequeno Porte; altera dispositivos das Leis nº 8.212 e 8.213, ambas de 24 de julho de 1991, da Consolidação das Leis do Trabalho – CLT, aprovada pelo Decreto-Lei nº 5.452, de 1º de maio de 1943, da Lei nº 10.189, de 14 de fevereiro de 2001, da Lei Complementar nº 63, de 11 de janeiro de 1990; e revoga as Leis nº 9.317, de 5 de dezembro de 1996, e 9.841, de 5 de outubro de 1999. Disponível em: planalto.gov.br/ccivil_03/leis/lcp/lcp123.htm. Acesso em: 05 jan. 2021.

BRASIL. *Lei Federal nº 10.973, de 2 de dezembro de 2004*. Dispõe sobre incentivos à inovação e à pesquisa científica e tecnológica no ambiente produtivo e dá outras providências. Disponível em: https://www.planalto.gov.br/ccivil_03/_ato2004-2006/2004/lei/l10.973. htm. Acesso em: 05 jan. 2021.

BRASIL. *Lei Federal nº 12.349, de 15 de dezembro de 2010.* Altera as Leis nºs 8.666, de 21 de junho de 1993, 8.958, de 20 de dezembro de 1994, e 10.973, de 2 de dezembro de 2004; e revoga o §1º do art. 2º da Lei nº 11.273, de 6 de fevereiro de 2006. Disponível em: http://www.planalto.gov.br/ccivil_03/_ato2007-2010/2010/lei/l12349. htm#:~:text=Os%20editais%20de%20licita%C3%A7%C3%A3o%20para,processo%20 ison%C3%B4mico%2C%20medidas%20de%20compensa%C3%A7%C3%A3o. Acesso em: 05 jan. 2021.

BRASIL. *Lei Federal nº 13.243, de 11 de janeiro de 2016.* Dispõe sobre estímulos ao desenvolvimento científico, à pesquisa, à capacitação científica e tecnológica e à inovação e altera a Lei nº 10.973, de 2 de dezembro de 2004, a Lei nº 6.815, de 19 de agosto de 1980, a Lei nº 8.666, de 21 de junho de 1993, a Lei nº 12.462, de 4 de agosto de 2011, a Lei nº 8.745, de 9 de dezembro de 1993, a Lei nº 8.958, de 20 de dezembro de 1994, a Lei nº 8.010, de 29 de março de 1990, a Lei nº 8.032, de 12 de abril de 1990, e a Lei nº 12.772, de 28 de dezembro de 2012, nos termos da Emenda Constitucional nº 85, de 26 de fevereiro de 2015. Disponível em: http://www.planalto.gov.br/ccivil_03/_ato2015-2018/2016/lei/ l13243.htm. Acesso em: 05 jan. 2021.

ESPÍRITO SANTO. *Lei Complementar nº 929, de 25 de novembro de 2019.* Institui instrumentos e procedimentos para o fomento às parcerias entre o Estado do Espírito Santo e as entidades privadas de inovação tecnológica regional. Disponível em: http://www3.al.es. gov.br/Arquivo/Documents/legislacao/html/LEC9292019.html. Acesso em: 05 jan. 2021.

FERRAZ, Sérgio. Contrato administrativo de inovação tecnológica: uma aproximação. *In: Revista de Direito Administrativo e Infraestrutura – RDAI,* São Paulo, vol. 13, p. 23-43, abr.-jun. 2020. Disponível em: https://dspace.almg.gov.br/handle/11037/37768. Acesso em: 05 jan. 2021.

PIOVESAN, Eduardo; SIQUEIRA, Carol. *Câmara dos Deputados aprova marco legal das startups.* Câmara dos Deputados. Disponível em: https://www.camara.leg.br/ noticias/715720-camara-dos-deputados-aprova-marco-legal-das-startups/. Acesso em: 26 dez. 2020.

GUIMARÃES, Fernando Vernalha. O Direito Administrativo do Medo: a crise da ineficiência pelo controle. *Direito do Estado,* n. 71, 2016. Disponível em: http:// www.direitodoestado.com.br/colunistas/fernando-vernalha-guimaraes/o-direito-administrativo-do-medo-a-crise-da-ineficiencia-pelo-controle. Acesso em: 29 dez. 2020.

MONTEIRO, Vera. *Concessão.* São Paulo: Malheiros, 2010.

MONTEIRO, Vera. Contratação de startups: o Pitch SABESP é uma boa ideia. *Jota,* 18 dez. 2018. Disponível em: https://www.jota.info/coberturas-especiais/inova-e-acao/ contratacao-de-startups-o-pitch-sabesp-e-uma-boa-ideia-18122018. Acesso em: 29 dez. 2020.

MONTEIRO, Vera; TRINDADE, Karla Bertocco. Contratação de inovação por governo. *Jota,* 12 nov. 2019. Disponível em: https://www.jota.info/coberturas-especiais/inova-e-acao/contratacao-de-inovacao-por-governo-12112019. Acesso em: 29 dez. 2020.

NIEBUHR, Joel de Menezes; NIEBUHR, Pedro de Menezes. Administração Pública do Medo. *Jota,* 09 nov. 2017. Disponível em: https://www.jota.info/paywall?redirect_to=// www.jota.info/opiniao-e-analise/artigos/administracao-publica-do-medo-09112017. Acesso em: 29 dez. 2020.

SUNDFELD, Carlos Ari. *Direito Administrativo para Céticos.* 2. ed. São Paulo: Malheiros, 2017.

Informação bibliográfica deste texto, conforme a NBR 6023:2018 da Associação Brasileira de Normas Técnicas (ABNT):

DIAS, Roberto Moraes; BALESTREIRO FILHO, Marcos Alberto. Contratações públicas de inovação tecnológica: breve análise dos possíveis impactos provocados pelo Marco Legal das Startups (Projeto de Lei Complementar nº 146/2019). *In*: BUFULIN, Augusto Passamani (Coord.). *Questões atuais de Direito Público*. Belo Horizonte: Fórum, 2022. p. 125-143. ISBN 978-65-5518-302-3.

V
DIREITO TRIBUTÁRIO

DIREITO E *STARTUPS*: UMA BREVE ANÁLISE DA RESPONSABILIDADE TRIBUTÁRIA DOS INVESTIDORES DAS *STARTUPS* NO ORDENAMENTO JURÍDICO BRASILEIRO

AUGUSTO PASSAMANI BUFULIN
DANIEL SOUTO CHEIDA

Introdução

O movimento de formação das *startups*, instituições humanas projetadas para criar produtos e serviços sob condições de extrema incerteza,[1] impulsionado pelo desenvolvimento exponencial de novas tecnologias, ganha força e relevância no início do século XXI.[2]

Um dos maiores (se não o maior) desafios das *startups* é a obtenção de recursos financeiros, através de investimentos, justamente pela insegurança e risco do negócio, sob a ótica daqueles que investem. Afinal, estas sociedades empresárias, na maior parte dos casos, trabalham com modelos de negócio ainda não validados e/ou consolidados no mercado.[3]

Além dos riscos inerentes ao negócio propriamente dito, que se define inovador e disruptivo, as *startups* brasileiras estão sujeitas à insegurança de um ordenamento jurídico, segundo Luís Roberto Barroso, "cujas fontes primordiais são as leis, que geram,

---

[1] RIES, Eric. *The lean startup*. Tradução: Texto Editores. São Paulo: Lua de Papel, 2012. Disponível em: http://s-inova.ucdb.br/wp-content/uploads/biblioteca/a-startup-enxuta-eric-ries-livro-completo.pdf. Acesso em: 10 dez. 2020.
[2] FEIGELSON, Bruno; NYBO, Erik Fontenele; FONSECA, Victor Cabral. *Direito das Startups*. São Paulo: Saraiva, 2018. Disponível em: https://app.saraivadigital.com.br/leitor/ebook:628007. Acesso em: 10 dez. 2020.
[3] PASSOS FILHO, João Burke; BARBERO, Edson Ricardo; MORAES, Gustavo Hermínio; HASHIMOTO, Marcos. Modelo de mitigação de riscos de investimento-anjo em *startups*. *Revista Gestão e Planejamento*, Salvador, v. 17, n. 2, p. 349-367, maio/ago. 2016. Disponível em: https://revistas.unifacs.br/index.php/rgb/article/view/4444/2943. Acesso em: 17 dez. 2020.

inevitavelmente, divergências interpretativas pela ambiguidade da linguagem empregada".[4]

A insegurança jurídica é ainda maior no ambiente fiscal. Afinal, como bem expôs Ives Gandra, o sistema tributário brasileiro é "caótico, principalmente à luz das sucessivas emendas constitucionais, que o maltrataram, com superposições de incidências e elevado nível de complexidade".[5]

Prova disso é que o Brasil atualmente aparece apenas na 109ª colocação – de 190 – no *ranking* dos países mais propícios a se fazer negócios, de acordo com levantamento realizado pelo Banco Mundial.[6] Dentre os países do BRICS, grupo econômico de países considerados "emergentes", o Brasil ocupa a última posição.

A volatilidade, incerteza, complexidade e ambiguidade do ambiente em que se inserem as *startups*, especialmente quando avaliamos as nuances do sistema tributário nacional, comprometem a aproximação daqueles que seriam eventuais investidores e sócios de empreendimentos, amedrontados com sua responsabilidade perante o fisco, que altera entendimentos tributários com grande frequência.[7]

---

[4] BARROSO, Luís Roberto. O constitucionalismo democrático no Brasil: crônica de um sucesso imprevisto. *Revista Juris Plenum: Direito Administrativo*, Caxias do Sul (RS), v. 4, n. 14, p. 155-156, jun. 2017. Disponível em: http://www.luisrobertobarroso.com.br/wp-content/uploads/2012/12/O-constitucionalismo-democratico-no-Brasil.pdf. Acesso em: 17 dez. 2020.

[5] MARTINS, Ives Gandra da Silva. O sistema tributário brasileiro: uma análise crítica. *Revista dos Tribunais*. Rio Grande do Sul, v. 969, julho. 2016. Disponível em: http://www.mpsp.mp.br/portal/page/portal/documentacao_e_divulgacao/doc_biblioteca/bibli_servicos_produtos/bibli_boletim/bibli_bol_2006/RTrib_n.969.10.PDF. Acesso em: 07 nov. 2020.

[6] *Ranking* do Doing Business do "The World Bank". Disponível em: https://portugues.doingbusiness.org/pt/rankings. Acesso em: 20 dez. 2020.

[7] Roberto Miglio Sena explica que "o caráter geral e abstrato da norma dá lugar às mais diversas interpretações, há o conflito de normas, questões atinentes à retroatividade e segurança jurídica, bem como a intricada e complexa legislação tributária dão azo a subjetivismos e insegurança [...] embora nossa cultura jurídica tenha evoluído substancialmente no estudo do precedente judicial, desencadeando uma série de debates quanto ao julgamento de recursos repetitivos, as súmulas do Superior Tribunal de Justiça – STJ e do Supremo Tribunal Federal – STF, e, mais recentemente, à súmula vinculante, ainda padece de enfoque mais acurado a questão atinente ao precedente administrativo, que, embora de vinculatividade fraca, pode servir como ferramenta célere e eficiente de resolução de conflitos entre o Fisco e o Contribuinte, evitando-se a propagação de milhares e milhares de demandas judiciais, as quais, como cediço são marcadas pelo alto custo e morosidade [...]" (SENA, Roberto Miglio. A importância do precedente administrativo na resolução de conflitos pelo fisco. *Rev. Fac. Direito UFMG*, Belo Horizonte, n. 68, p. 657-684, jan./jun. 2016. Disponível em: mpsp.mp.br/portal/page/portal/documentacao_e_divulgacao/doc_biblioteca/bibli_servicos_produtos/bibli_informativo/bibli_inf_2006/Rev-FD-UFMG_68.23.pdf. Acesso em: 17 dez. 2020).

O presente trabalho analisará, brevemente, a responsabilidade fiscal dos sócios das *startups*, escalando temas difíceis – e pouco debatidos – para esclarecer (*i*) os aspectos jurídicos da responsabilidade tributária; (*ii*) as principais formas de investimento e quem são considerados sócios das *startups*; (*iii*) as principais controvérsias fiscais envolvendo *startups* e suas respectivas causas; (*iv*) a responsabilidade tributária dos sócios e investidores de *startups*; (*v*) os principais instrumentos contratuais e processuais que resguardam o investidor.

1 A responsabilidade tributária e os seus aspectos jurídicos

Antes de mais nada, necessário aprofundar o conceito de responsabilidade tributária para que seja possível justificar e entender o objeto/estudo proposto.

Segundo Pablo Stolze e Rodolfo Pamplona, o conceito de responsabilidade está "ligado ao surgimento de uma obrigação derivada, ou seja, um dever jurídico sucessivo, em função da ocorrência de um fato jurídico *lato sensu*".[8] Em outras palavras, a responsabilidade é a consequência jurídica de um fato.

Na mesma linha de raciocínio, a responsabilidade fiscal (ou tributária) é a consequência jurídica gerada pelo não cumprimento de imposição tributária prevista em lei.[9] Entretanto, a responsabilidade pela dívida fiscal pode ser imputada a terceiro – e não apenas ao contribuinte –, que não tenha relação pessoal e direta com o fato jurídico tributado.

Isso porque, as posições jurídicas de contribuinte e responsável tributário são diferentes. Conforme explica Ricardo Lobo Torres, a "posição de contribuinte surge com a realização do fato gerador da obrigação tributária; a do responsável, com a realização do pressuposto previsto na lei que regula a responsabilidade".[10]

---

[8] GAGLIANO, Pablo Stolze; PAMPLONA FILHO, Rodolfo. *Novo curso de direito civil*: responsabilidade civil. 17. ed. São Paulo: Saraiva. 2019.
[9] CARVALHO, Paulo de Barros. *Curso de Direito Tributário*. 30. ed. São Paulo: Saraiva Educação, 2019, p. 403.
[10] TORRES, Ricardo Lobo. *Curso de Direito Financeiro e Tributário*. 10. ed. Rio de Janeiro: Renovar, 2003.

A responsabilidade tributária imposta a sujeitos passivos alheios aos fatos tributados está estabelecida em casos (*i*) de sucessão ou (*ii*) de previsão legal de terceiros responsáveis pela obrigação, conforme determinado no Código Tributário Nacional.

Como o objetivo é recortar o enquadramento do estudo para a responsabilidade tributária dos sócios/investidores de *startups*, importante destrinchar a responsabilidade tributária sucessória e de terceiros no ordenamento jurídico brasileiro.

1.1 Da responsabilidade tributária sucessória e de terceiros

No que diz respeito à responsabilidade tributária sucessória, indiferente para este estudo aquela estabelecida no art. 131 do Código Tributário Nacional, que trata de casos de morte e a responsabilização de eventuais herdeiros; meeiros e sucessores.[11]

Os próximos artigos da Seção II do Capítulo V do CTN, entretanto, tratam dos casos de fusão; transformação; incorporação; compra de estabelecimento comercial ou industrial, atos extremamente corriqueiros no cotidiano empresarial.

O art. 132 do Código Tributário Nacional estabelece a responsabilidade da nova pessoa jurídica de direito privado que resultar de fusão, transformação ou incorporação empresarial. A responsabilidade retroage até a data do ato em que as sociedades foram fusionadas, transformadas ou incorporadas. A mesma lógica é aplicável aos casos de extinção da pessoa jurídica, quando há a continuidade da atividade empresarial por um sócio remanescente.[12]

---

[11] Art. 131. "São pessoalmente responsáveis: I – o adquirente ou remitente, pelos tributos relativos aos bens adquiridos ou remidos; II – o sucessor a qualquer título e o cônjuge meeiro, pelos tributos devidos pelo de cujus até a data da partilha ou adjudicação, limitada esta responsabilidade ao montante do quinhão do legado ou da meação; III – o espólio, pelos tributos devidos pelo de cujus até a data da abertura da sucessão" (BRASIL. *Código Tributário Nacional*. Brasília, DF: Presidência da República. Disponível em: http://www.planalto.gov.br/ccivil_03/leis/l5172compilado.htm. Acesso em: 22 dez. 2020).

[12] Art. 132. "A pessoa jurídica de direito privado que resultar de fusão, transformação ou incorporação de outra ou em outra é responsável pelos tributos devidos até à data do ato pelas pessoas jurídicas de direito privado fusionadas, transformadas ou incorporadas. Parágrafo único. O disposto neste artigo aplica-se aos casos de extinção de pessoas jurídicas de direito privado, quando a exploração da respectiva atividade seja continuada por qualquer sócio

A previsão legal, segundo Paulo de Barros, força a regularização do débito tributário antes da ocorrência de qualquer operação empresarial complexa. De qualquer forma, caso a situação não seja regularizada, o Código Tributário Nacional indica os responsáveis pelo ônus do débito.[13]

Por sua vez, o art. 133 do Código Tributário Nacional responsabiliza a pessoa – seja ela natural ou jurídica – que adquirir estabelecimento comercial, industrial ou profissional, e continuar a exploração empresarial, ainda que com outra razão social. A responsabilidade é integral quando o alienante deixa de explorar aquela atividade e subsidiária quando o alienante mantém a exploração.[14]

Tanto o art. 132 como o art. 133 do CTN tem grandíssima relevância para esse trabalho. Isso porque, os investidores de *startups* até podem iniciar seus aportes com certa blindagem patrimonial, isentos de responsabilidade tributária, por meio da constituição de Sociedades em Conta de Participação; do Contrato de Participação ou de Fundos de Investimento, como se verá adiante.

Entretanto, o objetivo final do investidor não é converter aquele investimento em moeda corrente, mas, sim, em cotas ou participação societária, que permitirão ganhos elevados e recorrentes caso o modelo de negócio se prove vencedor.[15] Ou seja, eventualmente, caso o investidor torne-se sócio da *startup*, poderá ser responsável por créditos tributários adquiridos em períodos anteriores ao seu ingresso.

---

remanescente, ou seu espólio, sob a mesma ou outra razão social, ou sob firma individual" (BRASIL. *Código Tributário Nacional*. Brasília, DF: Presidência da República. Disponível em: http://www.planalto.gov.br/ccivil_03/leis/l5172compilado.htm. Acesso em: 22 dez. 2020).

[13] CARVALHO, Paulo de Barros. *Curso de Direito Tributário*. 30. ed. São Paulo: Saraiva Educação, 2019, p. 406.

[14] Art. 133. "A pessoa natural ou jurídica de direito privado que adquirir de outra, por qualquer título, fundo de comércio ou estabelecimento comercial, industrial ou profissional, e continuar a respectiva exploração, sob a mesma ou outra razão social ou sob firma ou nome individual, responde pelos tributos relativos ao fundo ou estabelecimento adquirido, devido até a data do ato: I – integralmente, se o alienante cessar a exploração do comércio, indústria ou atividade; II – subsidiariamente com o alienante, se este prosseguir na exploração ou iniciar dentro de seis meses a contar da data da alienação, nova atividade no mesmo ou em outro ramo de comércio, indústria ou profissão" (BRASIL. *Código Tributário Nacional*. Brasília, DF: Presidência da República. Disponível em: http://www.planalto.gov.br/ccivil_03/leis/l5172compilado.htm. Acesso em: 22 dez. 2020).

[15] FEIGELSON, Bruno; NYBO, Erik Fontenele; FONSECA, Victor Cabral. *Direito das Startups*. São Paulo: Saraiva, 2018. Disponível em: https://app.saraivadigital.com.br/leitor/ebook:628007. Acesso em: 10 dez. 2020.

Já a responsabilidade de terceiros alheios ao fato tributado, conforme explica Paulo de Barros, apresenta natureza de sanção administrativa, embora haja uma tentativa do legislador em esconder a característica de sanção através da utilização do termo "solidariedade".[16]

O art. 134 do Código Tributário Nacional impõe a responsabilidade solidária dos sócios no caso de liquidação de sociedade empresária, para garantir o cumprimento da obrigação tributária principal.[17] Ora, nos casos em que o investidor transforma o seu investimento em participação societária, estará pessoalmente sujeito às dívidas tributárias adquiridas pela sociedade empresária.

Ainda que seja possível pleitear o ressarcimento perante o contribuinte, os demais sócios, que não ingressaram na sociedade com capital, mas com a ideia do empreendimento e o esforço produtivo, muito provavelmente terão dificuldade em indenizar o investidor.

Ou seja, a modalidade de investimento e os instrumentos contratuais utilizados pelo investidor serão fundamentais para determinar a sua responsabilidade perante as dívidas tributárias adquiridas pela *startup*. Dedicaremos, portanto, o próximo tópico ao estudo das principais formas de investir em uma *startup*, definindo os pontos positivos e negativos de cada modalidade de investimento.

2 As modalidades de investimento nas *startups* brasileiras

As *startups* têm natureza atípica de investimentos. Isso porque, insertas em ambiente de extrema incerteza – ocasionado tanto pelo

---

[16] "A cabeça do artigo já diz muita coisa, e fizemos questão de grifar 'nos atos em que intervierem pelas omissões de que forem responsáveis' porque revela a existência de um indisfarçável ilícito e do 'animus puniendi' que inspirou o legislador, ao construir a prescrição normativa. Não fora isso, e todos os incisos confirmariam a presença de um dever descumprido, na base da responsabilidade solidária" (CARVALHO, Paulo de Barros. *Curso de Direito Tributário*. 30. ed. São Paulo: Saraiva Educação, 2019, p. 406).

[17] Art. 134. "Nos casos de impossibilidade de exigência do cumprimento da obrigação principal pelo contribuinte, respondem solidariamente com este nos atos em que intervierem ou pelas omissões de que forem responsáveis: VII – os sócios, no caso de liquidação de sociedade de pessoas" (BRASIL. *Código Tributário Nacional*. Brasília, DF: Presidência da República. Disponível em: http://www.planalto.gov.br/ccivil_03/leis/l5172compilado.htm. Acesso em: 22 dez. 2020).

negócio, quanto pelo ordenamento jurídico – encontram dificuldade para obtenção de recursos financeiros, com o afastamento de eventuais investidores.

As principais formas de obtenção de capital estão no binômio dívida (*debt*) ou participação (*equity*). Na primeira modalidade, a sociedade empresária remunera o credor com juros em momento futuro. Na segunda modalidade, por outro lado, o credor recebe participação na empresa e é remunerado com dividendos, que ficam dependentes da lucratividade do negócio.

Neste momento, importa a este estudo esmiuçar a estrutura de capital vinculada à participação societária do investidor (*equity*), uma vez que se pretende discutir a sua responsabilidade tributária como acionista ou quotista da *startup*, o que não se cogita com investimentos estruturados na modalidade de dívida (*debt*).

2.1 Sociedade em Conta de Participação (SCP)

Uma das formas de investimento comumente utilizadas por investidores de *startups* é a constituição de uma Sociedade em Conta de Participação (SCP), em que participam o sócio responsável por efetivamente exercer o objeto da sociedade (o empreendedor) e o sócio participante, chamado de sócio oculto (o investidor).

Aos olhos dos investidores, a Sociedade em Conta de Participação é modalidade vantajosa, pois a sua participação está limitada à exploração dos resultados positivos do negócio, ou seja, completamente desvinculados de qualquer responsabilidade perante terceiros, como decorrência de insucesso do empreendimento.[18]

De acordo com o Código Civil de 2002, a Sociedade em Conta de Participação não tem personalidade jurídica. Por isso, é impossibilitada de assumir obrigações; não possui patrimônio próprio e não possui firma ou denominações próprias, nem sede e domicílio.

De qualquer forma, no universo das *startups* a Sociedade em Conta de Participação é utilizável quando pretende-se (*i*) reunir

---

[18] CAMPINHO, Sérgio. *O direito de empresa à luz do Novo Código Civil*. 10. ed. Rio de Janeiro: Renovar, 2009.

grupo de investidores para realização de único aporte; ou (*ii*) formalizar o investimento entre empresa e investidor.[19]

Embora sejam modalidades de investimento ligeiramente distintas, uma reunindo vários investidores interessados em realizar aporte único na *startup* (formando uma espécie de Fundo de Investimento) e a outra formalizando uma relação contratual individualizada entre sócio ostensivo e sócio oculto, em ambas as hipóteses a Sociedade em Conta de Participação viabiliza o investimento entre empresa e investidor.

Embora pareçam uma boa alternativa para os investidores, que não atraem responsabilidade pelas ingerências do negócio, essa modalidade de investimento possui grandes limitações na área tributária.

As *startups* brasileiras, por exemplo, tendem a adotar, ao menos no seu início, o regime denominado Simples Nacional, limitado às sociedades que atendem alguns requisitos legais. As duas principais hipóteses de limitação estabelecidas pela lei são (*i*) a receita bruta da sociedade empresária não poder ser superior a R$4.800.000,00 (quatro milhões e oitocentos mil reais), para que seja enquadrada como ME e/ou EPP; (*ii*) não incorrer em qualquer hipótese listada no §4º do art. 3º da Lei Complementar nº 123/2006, que determina como forma de exclusão do regime simplificado, por exemplo, a sociedade de cujo capital participar outra pessoa jurídica.

As normas, aparentemente, não teriam nenhuma implicação às Sociedades em Conta de Participação, vez que o próprio Código Civil as inclui em subtítulo denominado "da sociedade não personificada", ou seja, expressamente determina que não se tratam de pessoas jurídicas.

Entretanto, desde 2015, esse não é o entendimento adotado pela Receita Federal que, para fins tributários, equipara a Sociedade em Conta de Participação à pessoa jurídica.[20] De acordo com o

---

[19] FEIGELSON, Bruno; NYBO, Erik Fontenele; FONSECA, Victor Cabral. *Direito das Startups*. São Paulo: Saraiva, 2018. Disponível em: https://app.saraivadigital.com.br/leitor/ebook:628007. Acesso em: 10 dez. 2020.

[20] A Solução de Consulta DISIT/SRRF10 nº 10024, de 22 de junho de 2015, explica que "para fins tributários, a Sociedade em Conta de Participação – SCP equipara-se a pessoa jurídica. Sendo assim, as microempresas ou empresas de pequeno porte que sejam sócias de SCP não poderão beneficiar-se do tratamento jurídico diferenciado previsto na Lei

entendimento do fisco, neste caso, a *startup* estaria impedida de adotar o regime do Simples Nacional, justamente por participar do capital de outra pessoa jurídica – hipótese vedada pela Lei.

O art. 36 da Lei Complementar 123, que trata sobre o regime de tributação do Simples Nacional, estabelece a imposição de multa correspondente a 10% (dez por cento) do total dos impostos e contribuições devidos em conformidade com o Simples Nacional no mês que anteceder o início dos efeitos da exclusão.

Ou seja, caso uma *startup* seja constituída por meio de uma Sociedade em Conta de Participação (SPC) e adote o regime tributário simplificado, estará sujeita à multa de 10% do total dos impostos e contribuições devidos no período em que esteve vinculada ao Simples Nacional, o que pode acarretar rombo financeiro irreparável.

Além disso, a Receita Federal, por meio da Instrução Normativa nº 1.470 de 2014, passou a exigir que a Sociedade em Conta de Participação (SPC) tivesse registro CNPJ, o que eventualmente pode alargar a responsabilidade jurídica dos sócios participantes, não só em matéria tributária, mas em qualquer relação jurídica.[21]

Até o presente momento a responsabilidade tributária da Sociedade em Conta de Participação (SCP) está limitada ao sócio ostensivo, nos moldes que dispõe o art. 991 do Código Civil,[22] salvo na intervenção do investidor na relação do sócio ostensivo com terceiro, em atenção ao art. 993,[23] do Código Civil, consolidado por

---

Complementar nº 123, de 2006, que implica a exclusão do Simples Nacional" (BRASIL. Secretaria da Receita Federal. *Solução de Consulta DISIT/SRRF10 nº 10024, de 22 de junho de 2015*. Disponível em: http://normas.receita.fazenda.gov.br/sijut2consulta/link.action?visao=anotado&idAto=65795. Acesso em: 20 dez. 2020).

[21] NEGRUNI, Mauro. *Sócio oculto pode assumir dívida de SCP*. 2014. Disponível em: https://mauronegruni.com.br/2014/08/12/socio-oculto-pode-assumir-divida-de-scp/#:~:text=Esse%20s%C3%B3cio%20n%C3%A3o%20tem%20responsabilidade,do%20artigo%20991%20C%C3%B3digo%20Civil.&text=%E2%80%9CCom%20essa%20nova%20obriga%C3%A7%C3%A3o%2C%20haver%C3%A1,e%20restrita%20%C3%A0%20Receita%20Federal%E2%80%9D. Acesso em: 20 dez. 2020.

[22] Art. 991. "Na sociedade em conta de participação, a atividade constitutiva do objeto social é exercida unicamente pelo sócio ostensivo, em seu nome individual e sob sua própria e exclusiva responsabilidade, participando os demais dos resultados correspondentes" (BRASIL. *Código Civil*. Brasília, DF: Presidência da República. Disponível em: http://www.planalto.gov.br/ccivil_03/leis/2002/L10406compilada.htm. Acesso em: 22 dez. 2020).

[23] Art. 993. "O contrato social produz efeito somente entre os sócios, e a eventual inscrição de seu instrumento em qualquer registro não confere personalidade jurídica à sociedade. Parágrafo único. Sem prejuízo do direito de fiscalizar a gestão dos negócios sociais, o sócio

entendimento do CARF,[24] hipótese em que o investidor responderá subsidiariamente pelos danos ocasionados.

2.2 Contrato de participação: investidor-anjo (LC 155/2016)

Com intuito de atrair maiores investimentos às *startups* brasileiras, o legislador pátrio desenvolveu uma nova ferramenta de investimento, o Contrato de Participação, utilizado especialmente por investidores-anjo. Em verdade, a legislação busca trazer maior segurança aos investidores, limitando sua responsabilidade perante os atos praticados pela empresa.

Investidor-anjo, importante ressaltar, de acordo com a Lei Complementar nº 155 de 2016, é aquela pessoa, física ou jurídica, que está disposta a investir em uma microempresa (ME) ou empresa de pequeno porte (EPP). O investimento, porém, não integrará o capital social da sociedade empresária.[25]

Além disso, a legislação passou a estabelecer que o investidor-anjo (*i*) não é considerado sócio; (*ii*) não responderá por qualquer dívida da sociedade empresária; (*iii*) não sofrerá as implicações de eventual desconsideração da personalidade jurídica.

O Contrato de Participação, de acordo com a Lei Complementar nº 155 de 2016, terá prazo de vigência de até, no máximo, 7 (sete) anos. O investidor, por seu lado, será remunerado por seus aportes

---

participante não pode tomar parte nas relações do sócio ostensivo com terceiros, sob pena de responder solidariamente com este pelas obrigações em que intervier" (BRASIL. *Código Civil*. Brasília, DF: Presidência da República. Disponível em: http://www.planalto.gov.br/ccivil_03/leis/2002/L10406compilada.htm. Acesso em: 22 dez. 2020).

[24] COELHO, Gabriela. Participação direta de sócio oculto não altera sociedade, diz CARF. *Revista Consultor Jurídico*. 1º de outubro de 2018. Disponível em: https://www.conjur.com.br/2018-out-01/participacao-direta-socio-oculto-nao-altera-sociedade-carf. Acesso em: 22 dez. 2020.

[25] Art. 61-A. "Para incentivar as atividades de inovação e os investimentos produtivos, a sociedade enquadrada como microempresa ou empresa de pequeno porte, nos termos dessa Lei Complementar, poderá admitir o aporte de capital, que não integrará o capital social da empresa. §4º O investidor-anjo: I – não será considerado sócio nem terá qualquer direito a gerência ou voto na administração da empresa; II – não responderá por qualquer dívida da empresa, inclusive em recuperação judicial, não se aplicando a art. 50 da Lei nº 10.406, de 10 de janeiro de 2002 – Código Civil" (BRASIL. *Lei Complementar nº 155*. Brasília, DF: Presidência da República. Disponível em: http://www.planalto.gov.br/ccivil_03/leis/lcp/lcp155.htm. Acesso em: 22 dez. 2020).

pelo prazo máximo de 5 (cinco) anos. Ou seja, durante os 2 (dois) primeiros anos, em regra, não será remunerado pelo investimento realizado. Antes destes 2 (dois) anos, inclusive, não poderá exercer o direito de resgate, que também não poderá exceder 50% (cinquenta por cento) dos lucros da sociedade.

Destacamos a controvérsia que diz respeito à tributação envolvida neste modelo contratual. A Receita Federal, responsável por essa regulamentação, por meio da Instrução Normativa RFB nº 1719, de 21 de julho de 2017, determina a tributação da renda na remuneração periódica, ao longo de até 5 (cinco) anos, e no resgate, que eventualmente pode ocorrer ao fim do prazo contratual.

A Receita Federal, portanto, tributou o repasse de resultados periódicos aos investidores, o que raramente ocorre, justamente porque a empresa ainda está se desenvolvendo e consolidando e não atingiu o seu *break-even point*.[26] O resgate, ao final do contrato, por sua vez, também não é o maior objetivo do investidor.

O investidor-anjo, em verdade, pretende converter o capital investido em participação societária, através de cotas ou ações. Isso porque, em um primeiro momento, o investidor-anjo não participa formalmente da sociedade empresária. Entretanto, a Receita Federal não trata sobre o tema em sua Instrução Normativa, razão pela qual, ainda não se sabe ao certo como – e se – será realizada essa tributação.

O Contrato de Participação firmado entre as partes – investidor e *startup* –, é um instrumento de mútuo conversível, que mistura conceitos de dívida (*debt*) e participação (*equity*). Na prática, o investidor-anjo aloca seu investimento na sociedade empresária, que por sua vez adquire uma dívida, que eventualmente pode ser convertida em participação societária.

A vantagem do Contrato de Participação – ou mútuo conversível –, segundo Bruno Feigelson, é que "o investidor não assume desde o início da operação da *startup* os riscos relativos às atividades", uma vez que apenas "virá a integrar o quadro social em casos previstos contratualmente".[27]

---

[26] *Break-even point* é a expressão utilizada para denominar o momento em que o empreendimento passa a ter lucro ou, pelo menos, não ter prejuízo. Ou seja, momento em que a receita é maior ou igual aos custos.
[27] FEIGELSON, Bruno; NYBO, Erik Fontenele; FONSECA, Victor Cabral. *Direito das*

Ou seja, em um primeiro momento, o investidor-anjo está sujeito a perder apenas o capital inicialmente investido, considerando a limitação de sua responsabilidade de acordo com a legislação vigente. Entretanto, é necessário levar em consideração que o Contrato de Participação tem vigência máxima de 7 (sete) anos, e ao seu fim, o interesse do investidor normalmente é converter o investimento realizado em participação societária.

A partir do momento em que o investidor-anjo passa a fazer parte do contrato social evidentemente, estará sujeito à responsabilidade pelos atos praticados pela sociedade empresária, inclusive em momento pretérito.

2.3 Fundos de investimento. *Private Equity* e *Venture Capital*

O *Private Equity* e o *Venture Capital* são modalidades de financiamento em que o investidor – o fundo de investimento – passa a ter participação societária na *startup* de capital fechado. Nesse caso, os fundos de investimento recebem recursos de diversos investidores e injetam o capital em *startups* com alto potencial de retorno, adquirindo, em contrapartida, participação no empreendimento (*equity*).

Considerando o alto risco do investimento, os fundos acompanham de perto a governança da empresa investida, especialmente para entender como é realizada a alocação dos recursos disponibilizados. Portanto, em regra, indicam pessoa de confiança para participar da administração da *startup*, que além de auxiliar a organização interna da empresa, atua como fiscalizador.

A diferenciação entre *Private Equity* e *Venture Capital*, por sua vez, está ligada ao estágio de desenvolvimento da *startup*. Enquanto o *Venture Capital* ocorre quando a empresa está em estágio inicial, com produtos em teste comercial, o *Private Equity* é destinado a sociedades empresárias que já têm marca consolidada, objetivando a expansão de sua rede de distribuição.

Startups. São Paulo: Saraiva, 2018. Disponível em: https://app.saraivadigital.com.br/leitor/ebook:628007. Acesso em: 10 dez. 2020.

A responsabilidade dos investidores, entretanto, está limitada pela figura das organizações gestoras, que administram os veículos de investimento[28] – meios pelos quais os aportes são operacionalizados –, e conectam o capital de vários investidores ao empreendedor. Ou seja, os investidores disponibilizam capital para o veículo de investimento, que nada mais é do que um fundo. O capital disponibilizado é gerido por uma organização gestora, que conecta o capital investido às *startups*.

Nesse caso, a responsabilidade do investidor é limitada ao capital inicialmente investido. O problema dessa modalidade de investimento é o custo operacional envolvido, que deve ser capaz de mobilizar a criação de um fundo de investimento e uma equipe gestora. Os investimentos, nesse caso, estão na casa dos milhões.

3 Dos instrumentos contratuais e processuais capazes de mitigar os riscos da responsabilidade tributária

As *startups*, conforme já afirmado, enfrentam o grande "problema" de ausência de normas regulatórias, desenvolvidas especificamente em atenção ao modelo de negócio que propõem ao mercado. Isso, entretanto, não exime estas sociedades empresárias de responsabilidades e regulamentações legais.

Isso porque, evidentemente, sobre elas incidirão as regras gerais do ordenamento, que na maioria das vezes, não são as mais adequadas ou desejáveis, tanto aos olhos do empreendedor quanto do investidor.

O sistema de tributos estabelecido pelo ordenamento brasileiro, por exemplo, é absolutamente complexo e gera grande insegurança jurídica, especialmente por divergências na interpretação da legislação pertinente.[29]

---

[28] Os veículos de investimento são os meios pelos quais os investimentos são operacionalizados. Essa operacionalização usualmente ocorre através de Fundos de Investimentos em Participações, que surgiram com a intenção de flexibilizar os investimentos em empresas por meio da aquisição de participação societária, que, neste caso, podem ser representadas por ações, debêntures, bônus de subscrição ou quaisquer outros títulos mobiliários, no caso de Sociedades Anônimas abertas ou fechadas, ou títulos e valores mobiliários representativos de participação em Sociedades Limitadas.

[29] FALCÃO, João Pontual de Arruda. O direito brasileiro rege mas desconhece as startups. *In*: LEAL, Fernando; MENDONÇA, José Vicente Santos (Org.). *Transformações do direito*

Muito embora o art. 123 do CTN estabeleça a inoponibilidade de convenção particular perante o fisco, impossibilitando que as partes convencionem a não responsabilidade do investidor sob o crédito tributário, algumas disposições (pré) contratuais podem mitigar os riscos fiscais de quem aporta capital em *startups*.

3.1 Cláusula de representação e garantia (*Representations and Warranties*)

As cláusulas de representação e garantia, como o próprio nome sugere, são declarações expressas das partes contratantes, que pretendem esclarecer a veracidade de informações consideradas essenciais para a formação de um negócio jurídico. Ou seja, por meio desta cláusula as partes tomam ciência formal dos níveis de segurança que envolvem aquele negócio firmado.[30]

A garantia, por sua vez, é espécie de seguro das declarações realizadas. Isso significa que caso constatada a inveracidade das afirmações, a parte prejudicada poderá pleitear indenização e a rescisão contratual.

Portanto, antes de firmar qualquer instrumento contratual ou societário com a *startup*, o investidor pode requerer, por exemplo, declaração da sociedade empresária sobre a veracidade dos documentos que atestam a saúde financeira e tributária do empreendimento, bem como os ônus que no momento recaem sobre o ativo vendido.[31]

Embora a cláusula não afaste a aplicação do art. 123 do Código Tributário Nacional, que trata sobre a inoponibilidade de convenções particulares perante o fisco, o investidor pode usá-la

---

administrativo: consequencialismo e estratégias regulatórias. Rio de Janeiro: Escola de Direito do Rio de Janeiro da Fundação Getulio Vargas, 2016, p. 229-232.

[30] MULHOLLAND, Caitlin Sampaio. As cláusulas de representação e garantia e aplicação do princípio da boa-fé objetiva nos contratos paritários. *In*: CONGRESSO NACIONAL DO CONPEDI, 23, 2014, João Pessoa. Tema: A humanização do Direito e a horizontalização da justiça no século XXI. Anais [...]. Florianópolis: CONPEDI, 2015. 378 p.

[31] FEIGELSON, Bruno; NYBO, Erik Fontenele; FONSECA, Victor Cabral. *Direito das Startups*. São Paulo: Saraiva, 2018. Disponível em: https://app.saraivadigital.com.br/leitor/ebook:628007. Acesso em: 10 dez. 2020.

como forma de prevenção, estabelecendo consequências drásticas caso as informações declaradas pela *startup* não estejam de acordo com a realidade, evitando aportar capital em empreendimentos fragilizados, com pendências tributárias pretéritas ao seu ingresso.

3.2 Cláusula de efeito material adverso (*Material Adverse Effect*)

Quando as partes firmam um negócio jurídico, a manutenção das condições fáticas envoltas à transação são fundamentais para não haja vício na manifestação de vontade das partes. Segundo Daniel Bushatsky, o investidor não deseja que entre o período da assinatura do contrato de aquisição e o fechamento da operação societária "ocorra qualquer efeito material adverso, que possa modificar profundamente a estrutura e perspectivas do negócio".[32]

Nesse caso, especificamente em relação à responsabilidade tributária, o investidor pode exigir, por exemplo, que a *startup* mantenha o pagamento de suas obrigações tributárias em dia e/ou resguardar o seu direito de não realizar o aporte previamente combinado no caso de surgimento de novas políticas regulatórias no mercado de atuação da *startup*.[33]

A atuação do investidor é preventiva e anterior ao seu ingresso na *startup*, uma vez que após o ingresso no empreendimento poderá realizar a fiscalização da saúde financeira e tributária da sociedade empresária.

---

[32] BUSHATSKY, Daniel. Considerações sobre a cláusula MAC no Brasil e sua aplicabilidade na pandemia. 2020. *Revista JOTA*. Disponível em: https://www.jota.info/opiniao-e-analise/artigos/consideracoes-sobre-a-clausula-mac-no-brasil-e-sua-aplicabilidade-na-pandemia-29052020. Acesso em: 20 dez. 2020.

[33] Um caso que ilustra perfeitamente o ponto diz respeito ao pagamento realizado às empresas estrangeiras que disponibilizam infraestrutura para armazenamento e processamento de dados para acesso remoto (*cloud computing*). Até o ano de 2014, a atividade era considerada locação de bem móvel, incidindo sobre ela apenas o Imposto de Renda Retido na Fonte (IRRF). Entretanto, a Receita Federal passou a adotar o entendimento de que a atividade, para fins tributários, é considerada prestação de serviços, devendo incidir sobre ela além do IRRF, a cide-royalties; PIS e COFINS, conforme descrito na Solução de Divergência COSIT nº 6, de 03 de junho de 2014.

3.3 Covenant

Outra forma de resguardar os interesses do investidor da *startup* é por meio do estabelecimento da cláusula denominada "covenant", em que os contratantes firmam uma obrigação de atuar de determinada forma ou de não realizar ação indesejada por uma das partes.

Nesse caso, seria perfeitamente plausível que as partes determinassem a obrigação de cumprimento de um plano de *compliance* tributário desenvolvido para a *startup*, em que estivesse descrito toda a operação empresarial; os tributos envolvidos e a respectiva forma de pagamento. Mais uma vez, a atuação do investidor é preventiva, mas utilizada após o seu ingresso na sociedade empresária, mitigando seu risco fiscal.

3.4 Os negócios jurídicos processuais

Dentre as inúmeras mudanças trazidas pelo Código de Processo Civil de 2015, uma das mais relevantes, sem dúvidas, é a possibilidade de que as partes estipulem alterações no procedimento para ajustá-lo às especificidades das suas demandas, desde que contemplados alguns requisitos.[34]

Os chamados negócios jurídicos processuais, segundo Fredie Didier Jr., são fatos jurídicos voluntários, cujo suporte fático se confere ao sujeito o poder de regular, dentro dos limites fixados no próprio ordenamento jurídico, certas situações jurídicas processuais ou alterar o procedimento.[35]

A personalização processual, dentre outras vantagens, pode ser importante ferramenta para garantir maior previsibilidade e efetividade ao ordenamento jurídico. Além disso, tornam-se

---

[34] WAMBIER, Luis Rodrigues; BASILIO, Ana Tereza. O negócio processual: inovação do novo CPC. *Revista da EMERJ*, Rio de Janeiro, v. 19, n. 74, p. 140-145. 2016.

[35] DIDIER JR., Fredie. Negócios jurídicos processuais atípicos no Código de Processo Civil de 2015. *Revista Brasileira da Advocacia*. v. 1, abril/junho. 2016. Disponível em: http://www.mpsp.mp.br/portal/page/portal/documentacao_e_divulgacao/doc_biblioteca/bibli_servicos_produtos/bibli_boletim/bibli_bol_2006/RBA_n.01.04.PDF. Acesso em: 10 nov. 2020.

especialmente atraentes ao ambiente empresarial, que exige negociações especializadas, não apenas limitadas ao direito material.[36]

Uma das grandes especificidades dos contratos empresariais é que, ao contrário do que ocorre na sistemática trabalhista e consumerista, em regra, não há fragilidade entre as partes contratantes, que terão maior liberdade negocial, como explica Fredie Didier Jr., "é importante perceber que, no caso de contratos empresariais, a análise da vulnerabilidade é diversa. O raciocínio, aqui, é bem diferente daquele feito na análise das convenções processuais inseridas em contratos de consumo ou de trabalho".[37]

A lógica (de ausência de fragilidade) utilizada aos negócios processuais celebrados entre as *startups* e investidores é a mesma.[38] Neste caso, em regra, as partes contratantes têm como objetivo final a obtenção de vantagem econômica, o que afasta eventuais óbices para que a contratação seja invalidada.[39]

Nesse caso, os negócios jurídicos processuais podem ser utilizados para resguardar os interesses do investidor que é responsável pelas dívidas tributárias da *startup*, facilitando a restituição dos valores perante os demais sócios da sociedade empresária.

Embora, mais uma vez, não se possa afastar a aplicação do art. 121 do Código Tributário Nacional, por exemplo, desonerando o investidor de qualquer responsabilidade tributária, os negócios jurídicos processuais podem viabilizar eventual indenização perante a *startup*.

---

[36] DIDIER JR., Fredie; LIPIANI, Júlia; ARAGÃO, Leandro Santos. Negócios jurídicos processuais em contratos empresariais. *Revista dos Tribunais Online*, v. 279, p. 41-66, maio, 2018.

[37] DIDIER JR., Fredie; LIPIANI, Júlia; ARAGÃO, Leandro Santos. Negócios jurídicos processuais em contratos empresariais. *Revista dos Tribunais Online*, v. 279, p. 41-66, maio, 2018.

[38] Algumas *startups*, a depender do seu tamanho, podem estar em situação de vulnerabilidade, especialmente quando negociam com grandes empresas de investimento. A análise da vulnerabilidade das partes deverá ser feita sempre caso a caso nos contratos empresariais.

[39] O artigo 190 do CPC determina que o juiz, de ofício ou a requerimento, controlará a validade das convenções, recusando-lhes aplicação nos casos de nulidade ou de inserção abusiva em contrato de adesão ou em que alguma parte se encontre em manifesta situação de vulnerabilidade.

Dentre os exemplos práticos da aplicação dos negócios processuais que poderiam ser utilizados, destacamos (*i*) a cláusula de eleição de foro, considerando a concentração de grandes investidores de *startup* em poucas capitais brasileiras;[40] (*ii*) a cláusula de renúncia ao direito de interpor recurso, reduzindo o tempo do deslinde processual necessário para conseguir eventual ressarcimento; (*iii*) a cláusula de limitação à instauração de processo judicial, garantindo a solução da lide por arbitragem.

Conclusões

Pelo exposto, é possível concluir que o mercado brasileiro, em princípio, não é atrativo aos investidores de *startups*. Isso porque, além de o ordenamento jurídico nacional ser marcado por exacerbada insegurança jurídica, a responsabilidade tributária abrange não apenas os contribuintes, mas também os sucessores empresariais e os terceiros formalmente responsáveis pela dívida fiscal.

Os investidores, por sua vez, podem até iniciar os aportes na *startup* com certa blindagem patrimonial, por meio de Sociedade em Conta de Participação; de Contrato de Participação e de Fundos de Investimento. Entretanto, considerando que o seu objetivo não é conversão do aporte em moeda corrente (*debt*), mas em participação societária (*equity*), eventualmente serão responsáveis pelos débitos tributários adquiridos pela *startup*.

A despeito do art. 123 do CTN, que estabelece a inoponibilidade de convenções particulares perante o fisco, alguns instrumentos contratuais são de grande valia nesse aspecto, uma vez que previnem e resguardam o investidor que aporta capital em sociedades empresárias com saúde financeira e tributária questionáveis. Destacamos as cláusulas de representação e garantia; cláusula de efeito material adverso; *convenant* e os negócios jurídicos processuais.

---

[40] A maior parte das empresas especializadas em *venture* e *seed capital* estão situadas em Belo Horizonte, São Paulo, Recife e Santa Catarina (GERKEN, Felipe Millard; SILVA, Stephanie Alves de Oliveira. Startup e Tributação. *In*: BARBOSA, Anna Fonseca Martins; PIMENTA, Eduardo Goulart; FONSECA, Maurício Leopoldino (Org.). *Legal Talks*: Startups à luz do direito brasileiro. Porto Alegre: Fi, 2017, p. 40-41).

Referências

BARROSO, Luís Roberto. O constitucionalismo democrático no Brasil: crônica de um sucesso imprevisto. *Revista Juris Plenum*: Direito Administrativo, Caxias do Sul (RS), v. 4, n. 14, p. 155-156, jun. 2017.

BRASIL. *Código Civil*. Brasília, DF: Presidência da República. Disponível em: http://www.planalto.gov.br/ccivil_03/leis/2002/L10406compilada.htm. Acesso em: 22 dez. 2020.

BRASIL. *Código Tributário Nacional*. Brasília, DF: Presidência da República. Disponível em: http://www.planalto.gov.br/ccivil_03/leis/l5172compilado.htm. Acesso em: 22 dez. 2020.

BRASIL. *Lei Complementar nº 155*. Brasília, DF: Presidência da República. Disponível em: http://www.planalto.gov.br/ccivil_03/leis/lcp/lcp155.htm. Acesso em: 22 dez. 2020).

BRASIL. Secretaria da Receita Federal. *Solução de Consulta DISIT/SRRF10 nº 10024, de 22 de junho de 2015*. Disponível em: http://normas.receita.fazenda.gov.br/sijut2consulta/link.action?visao=anotado&idAto=65795. Acesso em: 20 dez. 2020.

BUSHATSKY, Daniel. Considerações sobre a cláusula MAC no Brasil e sua aplicabilidade na pandemia. 2020. *Revista JOTA*. Disponível em: https://www.jota.info/opiniao-e-analise/artigos/consideracoes-sobre-a-clausula-mac-no-brasil-e-sua-aplicabilidade-na-pandemia-29052020. Acesso em: 20 dez. 2020.

CAMPINHO, Sérgio. *O direito de empresa à luz do Novo Código Civil*. 10. ed. Rio de Janeiro: Renovar, 2009.

CARVALHO, Paulo de Barros. *Curso de Direito Tributário*. 30. ed. São Paulo: Saraiva Educação, 2019.

COELHO, Gabriela. Participação direta de sócio oculto não altera sociedade, diz CARF. *Revista Consultor Jurídico*. 1º de outubro de 2018. Disponível em: https://www.conjur.com.br/2018-out-01/participacao-direta-socio-oculto-nao-altera-sociedade-carf. Acesso em: 22 dez. 2020.

DIDIER JR., Fredie. Negócios jurídicos processuais atípicos no Código de Processo Civil de 2015. *Revista Brasileira da Advocacia*. v. 1, abril/junho. 2016. Disponível em: http://www.mpsp.mp.br/portal/page/portal/documentacao_e_divulgacao/doc_biblioteca/bibli_servicos_produtos/bibli_boletim/bibli_bol_2006/RBA_n.01.04.PDF. Acesso em: 22 dez. 2020.

DIDIER JR., Fredie; LIPIANI, Júlia; ARAGÃO, Leandro Santos. Negócios jurídicos processuais em contratos empresariais. *Revista dos Tribunais Online*, v. 279, p. 41-66, maio, 2018.

GERKEN, Felipe Millard; SILVA, Stephanie Alves de Oliveira. Startup e Tributação. *In*: BARBOSA, Anna Fonseca Martins; PIMENTA, Eduardo Goulart; FONSECA, Maurício Leopoldino (Org.). *Legal Talks*: Startups à luz do direito brasileiro. Porto Alegre: Fi, 2017. p. 40-41.

MULHOLLAND, Caitlin Sampaio. As cláusulas de representação e garantia e aplicação do princípio da boa-fé objetiva nos contratos paritários. *In*: CONGRESSO NACIONAL DO CONPEDI, 23, 2014, João Pessoa. Tema: A humanização do Direito e a horizontalização da justiça no século XXI. Anais [...]. Florianópolis: CONPEDI, 2015. 378p.

FALCÃO, João Pontual de Arruda. O direito brasileiro rege mas desconhece as *startups*. *In*: LEAL, Fernando; MENDONÇA, José Vicente Santos (Org.). *Transformações do direito administrativo*: consequencialismo e estratégias regulatórias. Rio de Janeiro: Escola de Direito do Rio de Janeiro da Fundação Getulio Vargas, 2016.

FEIGELSON, Bruno; NYBO, Erik Fontenele; FONSECA, Victor Cabral. *Direito das Startups*. São Paulo: Saraiva, 2018.

GAGLIANO, Pablo Stolze; PAMPLONA FILHO, Rodolfo. *Novo curso de direito civil*: responsabilidade civil. 17. ed. São Paulo: Saraiva, 2019.

GERKEN, Felipe Millard; SILVA, Stephanie Alves de Oliveira. *Startup* e Tributação. *In*: BARBOSA, Anna Fonseca Martins; PIMENTA, Eduardo Goulart; FONSECA, Maurício Leopoldino (Org.). *Legal Talks*: Startups à luz do direito brasileiro. Porto Alegre: Fi, 2017.

MARTINS, Ives Gandra da Silva. O sistema tributário brasileiro: uma análise crítica. *Revista dos Tribunais*. Rio Grande do Sul, v. 969, julho. 2016. Disponível em: http://www.mpsp.mp.br/portal/page/portal/documentacao_e_divulgacao/doc_biblioteca/bibli_servicos_produtos/bibli_boletim/bibli_bol_2006/RTrib_n.969.10.PDF. Acesso em: 07 nov. 2020.

NEGRUNI, Mauro. *Sócio oculto pode assumir dívida de SCP*. 2014. Disponível em: https://mauronegruni.com.br/2014/08/12/socio-oculto-pode-assumir-divida-de-scp. Acesso em: 20 dez. 2020.

PASSOS FILHO, João Burke; BARBERO, Edson Ricardo; MORAES, Gustavo Hermínio; HASHIMOTO, Marcos. Modelo de mitigação de riscos de investimento-anjo em startups. *Revista Gestão e Planejamento*, Salvador. v. 17, n. 2, p. 349-367, maio/ago. 2016.

RIES, Eric. *The lean startup*. Tradução: Texto Editores. São Paulo: Lua de Papel, 2012; São Paulo: Malheiros, 2005. Disponível em: http://s-inova.ucdb.br/wp-content/uploads/biblioteca/a-startup-enxuta-eric-ries-livro-completo.pdf. Acesso em: 10 dez. 2020.

SENA, Roberto Miglio. A importância do precedente administrativo na resolução de conflitos pelo fisco. *Rev. Fac. Direito UFMG*, Belo Horizonte, n. 68, p. 657-684, jan./jun. 2016 Disponível em: mpsp.mp.br/portal/page/portal/documentacao_e_divulgacao/doc_biblioteca/bibli_servicos_produtos/bibli_informativo/bibli_inf_2006/Rev-FD-UFMG_68.23.pdf. Acesso em: 17 dez. 2020.

TORRES, Ricardo Lobo. *Curso de Direito Financeiro e Tributário*. 10. ed. Rio de Janeiro: Renovar, 2003.

WAMBIER, Luis Rodrigues; BASILIO, Ana Tereza. O negócio processual: inovação do novo CPC. *Revista da EMERJ*, Rio de Janeiro, v. 19, n. 74, p. 140-145. 2016.

Informação bibliográfica deste texto, conforme a NBR 6023:2018 da Associação Brasileira de Normas Técnicas (ABNT):

BUFULIN, Augusto Passamani; CHEIDA, Daniel Souto. Direito e *startups*: uma breve análise da responsabilidade tributária dos investidores das *startups* no ordenamento jurídico brasileiro. In: BUFULIN, Augusto Passamani (Coord.). *Questões atuais de Direito Público*. Belo Horizonte: Fórum, 2022. p. 147-166. ISBN 978-65-5518-302-3.

VI

DIREITO ELEITORAL

AS "FAKE NEWS" E O IMPACTO NO PROCESSO ELEITORAL

RODRIGO MARQUES DE ABREU JÚDICE

1 Introdução

O presente artigo tem como propósito estudar os efeitos das denominadas *fake news* no processo eleitoral, utilizando como ferramenta as características do sistema político brasileiro, a influência da revolução tecnológica a partir do advento maciço das mídias sociais, interligado ao ambiente socioeconômico, que não insiste em largar suas raízes históricas, bem como o papel do cidadão comum como replicador de notícias supostamente inverídicas e a capacidade de toda essa estrutura complexa, plural e multidisciplinar tem de afetar a higidez do estado democrático e a lisura do processo eleitoral.

É demasiadamente complexo definir a expressão *fake news*, tendo em vista que sua tradução literal, "notícia falsa", não abarca toda a essência, amplitude e capacidade que a expressão possui, tampouco seu ângulo mais nefasto, qual seja, sua força para fraudar a consciência do eleitor. Por isso, o mais correto seria dizer "notícia fraudulenta", ou melhor, desinformação. Identificar as *fake news* dentro de um ambiente político, levando em consideração o objeto a ser alcançado com a propagação de notícias sabidamente inverídicas, passa, necessariamente, pela conjunção de três elementos, conforme nos ensina o Professor Diogo Rais: falsidade, dolo e dano.[1]

---

[1] "No ambiente virtual criado pela rede mundial de computadores, particularmente no âmbito da Internet 2.0, em que a produção de conteúdo é pulverizada e sua disseminação, além de abrangente e veloz (viralização), tem seus efeitos potencializados pelas ferramentas de micro-direcionamento, o discurso de natureza enganosa pode ser lesivo à própria liberdade de expressão e à democracia; As fake news são um fenômeno peculiar da transição da sociedade de organizações para a sociedade de redes e sua lesividade decorre não apenas da falsidade, mas sobretudo de sua enganosidade, ao se aproveitar da credibilidade das empresas de jornalismo, para divulgar conteúdo que não é filtrado pelos mecanismos de controle e de responsabilização próprios daquelas organizações"

Segundo nos ensina o ilustre doutrinador,[2] o simples erro é incapaz de configurar *fake news*. O conceito jurídico de *fake news* não abarca a modalidade culposa, já que "para a sua caracterização são indispensáveis a existência de dano e dolo". Nesse contexto, o mero erro jornalístico, passível de ocorrer nas melhores redações, pode gerar outras consequências jurídicas no âmbito da responsabilidade civil, todavia, dificilmente ensejará sanções de cunho eleitoral, sob a ótica e conceito de notícia fraudulenta ou desinformação.

Interessante o conceito formulado pelo *High Level Expert Group Fake News and Online Desinformation*, que definiu desinformação como "informação comprovadamente falsa ou enganadora que é criada, apresentada e divulgada para obter vantagens econômicas ou para enganar deliberadamente o público [...]", suscetível de causar um prejuízo.

Assim, o sistema que alimenta a desinformação no ambiente político eleitoral precisa ser enfrentada pelo Poder Judiciário visando evitar desvios de condutas que possam macular a liberdade consciente de escolha do eleitor, mas também, aferir com extrema cautela as hipóteses em que cabem sua intervenção, sob pena de malferir a tão consagrada e almejada liberdade de expressão, conforme preconizado no art. 38 da Resolução TSE nº 23.610/2019, que dispõe expressamente que "a atuação da Justiça Eleitoral em relação a conteúdos divulgados na internet deve ser realizada com a menor interferência possível no debate democrático".

Por certo, o avanço dos modelos tecnológicos, associado à criatividade engenhosa de grupos e pessoas vocacionadas a difundir notícias fraudulentas, é um desafio constante à Justiça Eleitoral. Contudo, o Judiciário não é o melhor lugar para regular o que é verdade ou não. É inegável a relevância das Cortes Eleitorais no exercício amplo e independente da jurisdição para mitigar os efeitos danosos no processo eleitoral das notícias fraudulentas. De igual

---

(MARANHÃO, Juliano; CAMPOS, Ricardo. Fake News e autorregulação regulada das redes sociais no Brasil: fundamentos constitucionais. *In*: ABBOUD, Georges; NERY JR., Nelson; CAMPOS, Ricardo (Org.). *Fake News e Regulação*. 2. ed. (livro eletrônico). São Paulo: Thomson Reuters/Revista dos Tribunais, 2020).

[2] RAIS, Diogo. Fronteiras do Direito. A melhor tradução para *Fake News* não é notícia falsa, é notícia fraudulenta [entrevista concedida a Pedro Canário]. *Consultor Jurídico*. Disponível em: https://www.conjur.com.br/2018-ago-12/entrevista-diogo-rais-professor-direito-eleitoral.

forma, não será o Poder Judiciário sozinho que conseguirá enfrentar tão angustiante tema, nefasto à democracia.[3] É preciso compreender que somente boas iniciativas de prevenção, como educação jornalística digital e acordos de cooperação com as plataformas digitais, aliado a um trabalho maciço de consciência do eleitor, será capaz de estabelecer remédios razoavelmente eficazes contra a pirataria digital. Mais do que isso, o cidadão comum, usuário da *internet*, precisa compreender, definitivamente, que ele é o maior responsável e curador do modelo atual de comunicação na internet.

2 *Fake News* e o sistema político brasileiro

Desde que o mundo é mundo as notícias falsas são utilizadas como instrumento de guerra para derrotar o inimigo nas mais variadas batalhas, sangrentas ou não, dentre elas as cizânias políticas e as disputas pelo poder governamental.

Os primórdios do processo político eleitoral brasileiro revelam que as eleições eram denominadas pelo "voto de cabresto", ferramenta poderosa utilizada pelos coronéis durante a República Velha (1889-1930).

Diferente do atual texto constitucional, a Constituição de 1891 previa o voto aberto (não secreto). As manipulações e fraudes,

---

[3] A polêmica envolvendo a divulgação e proliferação de notícias falsas ou fraudulentas chegou ao ápice no ano de 2020 quando o Supremo Tribunal Federal abriu inquérito criminal para apurar ataques feitos aos Ministros da Corte e seus familiares, por consequência de indícios veementes de que grupos orquestrados estariam propagando em escala vertiginosa denúncias caluniosas, ameaças e informações revestidas de ânimos caluniante, difamante e injuriante, que teriam o condão de macular a honorabilidade e segurança da Suprema Corte. Imediatamente após a sua instauração, estudiosos passaram a questionar a legalidade do inquérito pela não indicação de fato específico a ser investigado, incompatível com as liberdades constitucionais, somada à circunstância de que a instalação de inquérito por órgão do Poder Judiciário violaria o sistema acusatório disciplinado pela Carta da República. Para tantos outros doutrinadores de renome, como o Professor Lênio Luiz Streck, dispositivos válidos e vigentes legitimariam a postura do STF, que utilizou nítido estado de *contempt of court*, em defesa da própria Constituição da República, na medida em que não há direito fundamental de pregar contra o Estado Democrático de Direito. Apesar de toda celeuma envolvendo a abertura de investigação *ex officio* pelo STF, o mais importante é aferir a veracidade da arregimentação ou não de milícias digitais antidemocráticas que estariam defendendo a intervenção militar e ataques físicos aos Ministros da Corte Constitucional, o que se revela inadmissível, mormente se ficar devidamente comprovado o financiamento, em escala, por grupos extremistas propagadores de notícias fraudulentas.

a compra de votos ou troca por bens para favorecer determinado candidato eram vistas com naturalidade e todo aquele que ensaiava romper a política dos coronéis ou dos "currais eleitorais" era defenestrado ou ultrajado, donde a mentira era tratada como verdade absoluta.

A própria comunicação política dos regimes totalitários revela que intrinsecamente aos feitos políticos, inúmeras engrenagens de manipulação da verdade e indução de comportamentos são utilizadas como instrumento de guerra e ataque aos inimigos do regime.

É insofismável que as mazelas endêmicas da estrutura socioeconômica brasileira ainda influenciam o processo eleitoral, para o bem ou para o mal. Ademais, possuímos um sistema político-partidário repleto de legendas desprovidas de ideologias, o que facilita a proliferação de notícias rasas e conteúdos superficiais, que empobrecem o debate político e coloca em xeque a idoneidade das informações.

O ambiente político-social brasileiro que insiste em não largar suas raízes etimológicas, somado a um espaço cibernético extremamente volúvel às paixões e carente de bons exemplos éticos, é terreno fértil à proliferação de informações falsas.

Em tempo real vivemos a era do consumo instantâneo ou visualizações instantâneas, em que autoestima ou sucesso estão diretamente ligados à capacidade de interagir por meio das mídias sociais, não necessariamente comprando, mas consumindo conteúdo, na maioria das vezes, desprovido de essência.

É justamente nessa sociedade plural e desigual que a publicidade comercial na *internet* passa a ter importância "capital", capaz não só de influenciar os matizes econômicos, mas também a própria política.[4]

---

[4] "A Pesquisa de Tecnologia da Informação e Comunicação nos Domicílios Brasileiros de 2018 (TIC Domicílios), divulgada pelo Comitê Gestor da Internet no Brasil (CGI.br) retrata o acesso dos brasileiros à internet, no período de outubro de 2018 a março de 2019. O resultado mostrou que 127 milhões de brasileiros estão conectados à Internet, e 56% desses usuários utilizam a internet apenas em seus celulares, o que demonstra que os *smartphones* representam um papel fundamental na inclusão digital, impulsionando o crescimento do acesso no Brasil.
Sobre o uso dos *smartphones*, a Associação Brasileira de Telecomunicações (Telebrasil) divulgou dados da ANETEL que demonstram que 98,2% da população brasileira tem serviço de telefonia móvel e que 99,3% da população tem acesso a tecnologia 3G, contra 94,4% que tem acesso a tecnologia 4G. [...] A internet se tornou parte integrante e indissociável da vida cotidiana de grande parte dos brasileiros. E como não poderia deixar de ser, vem assumindo

Interessante mergulhar nas raízes da história política brasileira e, consequentemente, na construção da nossa democracia, a duras penas, para identificar na intolerância hoje existente no seio social um dos matizes ideológicos mais severos que alimentam a desinformação nas redes sociais.

Há uma nova ordem simbólica reinante que, unida à revolução tecnológica, tem produzido tensões que deságuam no mundo cibernético, pela facilidade de construir inconscientes imaginários marginais.

Hannah Arendt em "Origens do Totalitarismo", já nos alertava que a ficção é o "húmus" do qual se alimenta toda e qualquer propaganda.[5] No caso do nazismo, a ficção ideológica, pautada no antissemitismo, deu o formato da sociedade alemã na época.

Nos dias atuais, da dinastia e domínio das redes, a ficção toma o lugar da verdade como instrumento de manutenção e estabilidade das relações entre os homens.

Historicamente a política sempre mostrou ter dificuldade de se relacionar com a verdade, em especial, as verdades empíricas, principalmente diante do entrechoque entre o real e o imaginário coletivo, ou aquele idealizado e propagado pelo político para tentar se perpetuar no poder.

Imaginemos toda essa engrenagem histórica, umbilical, inserida num universo de comunicações instantâneas cuja velocidade não nos permite assimilar com exatidão e clareza a essência das informações recebidas, fragilizando o debate democrático e a formação de opinião lúcida e adequada para a escolha do candidato mais preparado para governar ou legislar.[6]

---

relevância cada vez maior no processo eleitoral, sendo utilizada tanto pelos próprios candidatos, partidos e coligações para divulgação de propaganda eleitoral como também pelos eleitores no exercício dos seus direitos de acesso à informação e livre manifestação do pensamento. Trata-se de um fenômeno global: a internet está cada vez mais presente na vida das pessoas, inclusive durante o período eleitoral" (RAIS, Diogo; SALES, Stela Rocha. Fake News, Deepfakes e Eleições. *In*: RAIS, Diogo (Coord.). *FAKE NEWS a conexão entre a desinformação e o Direito*. São Paulo: Thomson Reuters, 2020, p. 764-775).

[5] ARENDT, Hannah. *Origens do totalitarismo*. Tradução: Roberto Raposo. São Paulo: Companhia das Letras, 1990, p. 289-290.

[6] A fragilidade do debate democrático acentua-se e mostra-se mais preocupante sobretudo nas eleições municipais, onde o protagonismo da internet vem ganhando espaço na medida em que a tecnologia se expande pelo interior do Brasil. Isso porque nem 5% dos municípios têm emissora de televisão. Apenas as emissoras de televisão estão autorizadas

Hoje, a despeito de todas as evidências, os fatos inconcussos para determinados grupos de pessoas, consciente ou inconscientemente, possuem menos valor do aquilo que optaram por acreditar.

Movidos por paixões políticas, mormente após o pleito eleitoral de 2018, grupos sociais antagônicos passaram a disseminar e compartilhar opiniões desacompanhadas da adequada verificação comprobatória do conteúdo ou matéria. São as chamadas "bolhas de comunicação", que se autoalimentam das suas próprias convicções e não permitem ou abrem espaço para o debate político, tão importante para o fortalecimento das ideias.[7]

Revelado esse cenário tão assustador, a reflexão que se impõe, decisiva para o fortalecimento da democracia, reside na possibilidade ou capacidade da sociedade brasileira de enfrentar tão preocupante tema, sob pena de fragilizarmos as discussões eleitorais e a própria qualidade dos nossos representantes.

O primeiro desafio é nos reconhecermos como sujeitos, inseridos num contexto sociopolítico que não isenta ninguém, tampouco é capaz de separar os justos dos malfeitores, se cada um não cumprir a sua cota de responsabilidade, no seu microssistema profissional, social ou familiar.

---

a difundir a propaganda eleitoral gratuita, cabendo às retransmissoras repetir essa programação. "E essa prática, durante uma eleição municipal cria o curioso fenômeno de um município não conseguir assistir a campanha eleitoral na televisão dos seus possíveis candidatos, pois em seu televisor é transmitido apenas a propaganda eleitoral do município da emissora que, como somente está presente em menos de 5% dos municípios, deixa descoberto os outros 95% dos municípios brasileiros que, por essa razão, não têm contato com seus possíveis candidatos por meio da televisão" (RAIS, Diogo; SALES, Stela Rocha. Fake News, Deepfakes e Eleições. In: RAIS, Diogo (Coord.). *FAKE NEWS a conexão entre a desinformação e o Direito*. São Paulo: Thomson Reuters, 2020, p. 764-775).

[7] "Outro fenômeno relacionado à desinformação é a polarização de opiniões na sociedade. Conforme mencionado aqui, um dos mecanismos utilizados é a fabricação e o direcionamento de conteúdos cada vez mais ajustados ao perfil do receptor. Essa prática propicia a difusão sectária de conteúdos na internet, ou seja, determinados conteúdos chegam somente a determinados círculos de usuários, ao passo que os conteúdos que veiculam ou confirmam opiniões dissidentes tendem a não alcançar esses mesmos círculos. No universo do mundo em rede são criados verdadeiros guetos e muros de separação. Resta, então, minimizada a possibilidade de confronto entre opiniões e visões de mundo dissidentes, o que enfraquece ou mesmo nulifica o debate – tão essencial para a democracia. Além disso, cria-se um ambiente propício ao avanço de discursos de ódio e de intolerância, os quais estimulam a divisão social a partir da dicotomia 'nós' e 'eles', um modo de pensar que remete ao fantasma das ideologias fascistas, conforme explica o filósofo Jason Stanley [...]" (TOFFOLI, José Antônio Dias. *Fake News*, desinformação e liberdade de expressão. In: ABBOUD, Georges; NERY JR., Nelson; CAMPOS, Ricardo (Org.). *Fake News e Regulação*. 2. ed. (livro eletrônico). São Paulo: Thomson Reuters/Revista dos Tribunais, 2020).

Há dois anos,[8] escrevi que somos integrantes de um sistema jurídico-político que exige de todos uma postura retilínea e coerente com as críticas que são feitas aos políticos. Que soa perverso e antagônico o cidadão "honesto", que muitas vezes, aos olhos dos outros, é um exemplo de postura e retidão, valer-se de mecanismos de comunicação questionáveis, produzindo conteúdos falsos, replicando textos e reportagens que padecem de credibilidade, fomentando a arrogância e ódio.[9] E que, portanto, a primeira regra deve ser construída e dissecada dentro dos nossos lares, na microfísica do poder, sem a qual não temos qualquer legitimidade para exigir mudanças estruturais na nossa classe política. Não estou sozinho. Relevantes articulistas e filósofos, como o professor Leandro Karnal, ponderam que não existe país com o governo corrupto e população honesta. Segundo ele, o atual momento reforça a discussão sobre o papel da ética no cotidiano.

Chegou a hora derradeira de exercitá-la. Assumirmos posturas condizentes com as cobranças que fazemos aos governos, políticos e empresas. Não somos somente vítimas das incongruências nacionais, mas cúmplices dessa cruel verdade se não assumirmos nosso papel no contexto social. É preciso que haja respeito à singularidade, aos direitos fundamentais, às instituições. Isso é a essência da democracia. Aceitar a pluralidade implica coesão, ainda que haja dissenso com relação ao rumo adotado pelo político eleito.

É preciso que a grande mídia, a população, todos nós que manuseamos as redes sociais, deixemos de fomentar a hostilidade e o preconceito. É preciso fortalecer a atmosfera democrática. Enaltecer

---

[8] DISCURSO de Posse. Recondução ao cargo de Juiz Eleitoral – Classe dos Juristas do Tribunal Regional Eleitoral do Espírito Santo – TRE-ES em 17 de junho de 2019, publicado no *site* do Colégio Permanente de Juristas Eleitorais – COPEJE. Disponível em: https://www.copeje.org.br/

[9] "É muito comum o uso das primeiras vítimas como uma espécie de elo para compor uma corrente difusora das *fake news*. Assim, aquelas pessoas que de boa-fé acreditaram estar em contato com uma verdadeira notícia, passam – ainda que sem perceber – a colaborar com a disseminação e difusão dessas notícias falsas. Portanto, boa parte de toda essa produção se escoa com apoio das próprias vítimas. [...] O que é ainda mais curioso, é que há uma tendência que esses grupos reúnam pessoas que compõem uma espécie de círculo de confiança e, justamente ali, a desinformação parece encontrar campo fértil para a proliferação" (TOFFOLI, José Antônio Dias. Fake News, desinformação e liberdade de expressão. *In*: ABBOUD, Georges; NERY JR., Nelson; CAMPOS, Ricardo (Org.). *Fake News e Regulação*. 2. ed. (livro eletrônico). São Paulo: Thomson Reuters/Revista dos Tribunais, 2020).

a tolerância. O aperfeiçoamento de todo o sistema eleitoral passa pelo comprometimento conjunto e ético de toda a sociedade.

3 Propaganda na *internet*: abrangência e limites nas eleições de 2020

Antes da eleição de 2018, por expressa previsão legal, era vedado qualquer tipo de propaganda eleitoral na *internet* paga. Era o que determinava o art. 57-C, da Lei nº 9.504/97, antes da alteração introduzida pela Lei nº 13.488/2017, minirreforma eleitoral.

Atento à realidade cada vez mais comum do uso de ferramentas digitais durante as eleições, o legislador alterou o referido artigo, que passou a ter a seguinte redação:

> Artigo 57-C:
> É vedada a veiculação de qualquer tipo de propaganda eleitoral paga na internet, excetuado o impulsionamento de conteúdos, desde que identificado de forma inequívoca como tal e contratado exclusivamente por partidos, coligações e candidatos e seus representantes.

Nos *posts* impulsionados, o candidato, partido ou coligação paga um determinado valor ao Facebook ou Instagram, por exemplo, para que seja divulgada a plataforma do candidato, destacando suas qualidades na *timeline* dos usuários da rede social. Da mesma forma é considerado impulsionamento a quantia paga em que seja anunciado o nome do candidato em destaque nos resultados de pesquisa do Google. O parágrafo 3º, introduzido ao art. 57-C, por sua vez, deixa claro que o impulsionamento somente pode ser contratado para promover ou beneficiar candidatos ou suas respectivas agremiações, ou seja, destina-se exclusivamente para destacar aspectos positivos do candidato ou partido, de forma que é pacífico o entendimento jurisprudencial e doutrinário de que são proibidos *posts* impulsionados para fazer críticas ou aleivosias, comentários pejorativos, depreciativos ou negativos, a respeito dos candidatos opostos.

Diante desse novo cenário legislativo, associado a uma realidade mundial de hipertrofia das plataformas digitais como instrumento de comunicação no mundo moderno, observou-se na eleição de 2018 – presidencial – uma manifestação vigorosa de novas formas de campanha digital, que já tinham se tornados protagonistas nas eleições americanas de 2016 e na Europa. A maioria dos candidatos, notadamente o presidente eleito Jair Bolsonaro, valeram-se do componente digital nas suas respectivas campanhas. Pela primeira vez na história foi observada uma grande massa de apoiadores voluntários, associados ou não, por profissionais de *marketing* e estruturados em rede.

Naquele ano fora observada uma disseminação de notícias ou propagandas disfarçadas de jornalismo, bem como os excessivos disparos de mensagens em massa por aplicativos, por meio da contratação de empresas especializadas em acessar o *software* de plataformas eletrônicas.

O Tribunal Superior Eleitoral, observando essa realidade insofismável, visando aprimorar e modernizar as regras eleitorais na busca incessante de garantir o livre debate político eleitoral; o direito à liberdade de expressão; o acesso à informação fidedigna e a proteção dos dados pessoais dos eleitores, editou a Resolução nº 23.610/2019, com a contribuição de sociedade civil e profissionais das áreas jurídicas e de *marketing* digital prevendo uma série de regras relativas ao disparo de mensagens em massa, a proteção dos dados pessoais dos cidadãos e a disseminação da desinformação.

Pela primeira vez o TSE expressamente disciplinou a figura da desinformação na propaganda eleitoral, prevendo no artigo 9º, da precitada Resolução, que a utilização na propaganda de informações veiculadas por terceiros pressupõe que o candidato, partido ou coligação tenha verificado a presença de elementos que permitem concluir, com razoável segurança, pela fidedignidade da informação, sujeitando os responsáveis às regras do art. 58 da Lei nº 9.504/1997, que assegura o direito de resposta a candidato, partido ou coligação, atingidos por informações caluniosas, difamatórias ou sabidamente inverídicas, sem prejuízo de eventual responsabilidade penal.[10]

---

[10] Importante alerta reside na possibilidade de que eventuais disseminações de notícias fraudulentas propagadas em massa, com a indevida interferência do poder econômico ou abuso do poder de autoridade em desfavor da liberdade do voto, podem ensejar a cassação do político eleito que tenha se valido dessa engrenagem para interferir na consciência legítima do eleitor. Tradicionalmente o uso indevido dos veículos de comunicação na

Já o art. 28, inciso IV, alíneas "a" e "n" da referida Resolução permitiu que a propaganda eleitoral na *internet* fosse realizada por meio de *blogs*, redes sociais, *sites* de mensagens instantâneas e aplicações de *internet* assemelhadas, dentre as quais aplicativos de mensagens instantâneas, desde que o conteúdo seja gerado e editado por candidatos, partidos políticos ou coligações, ou qualquer pessoa natural, vedada a contratação de disparos em massa, na forma do art. 57-C da Lei nº 9.504/1997.

Nessa mesma toada, o art. 34 da Resolução nº 23.610/2019 também veda a realização de propaganda eleitoral por meio de *telemarketing*, em qualquer horário, bem como por meio de disparo em massa de mensagem instantânea sem anuência do destinatário.

Outro ponto que merece destaque foi à incorporação das regras de proteção de dados pessoais à legislação eleitoral. O Congresso Nacional aprovou em 2018 a Lei Geral de Proteção de Dados (LGPD), que estabelece princípios e regras de uso dos dados pessoais dos usuários da *internet* e afins.

Reconhecendo a importância da aplicação, ainda que incipiente, da LGPD a candidatos, partidos e campanhas eleitorais, o TSE regulamentou o tema dispondo que o cadastramento gratuito de endereços para envio de mensagens eletrônicas feitas por candidatos, partidos e coligações deve observar a Lei Geral de Proteção de Dados, especificamente quanto ao consentimento do titular.

Outro avanço importantíssimo foi a incorporação das pessoas jurídicas de direito privado em geral às entidades listadas no art. 24 da Lei das Eleições, ficando estas também proibidas de doar ou ceder cadastro eletrônico de seus clientes em favor de candidatos partidos ou coligações.

---

forma do art. 22, *caput*, da Lei Complementar nº 64/90 legitima a propositura de Ação de Investigação Judicial Eleitoral (AIJE), por se tratar ato ilícito capaz de corromper a legitimidade do pleito. Embora a norma tenha sido redigida antes do advento da *internet*, a compreensão atual é que o uso ilegal ou abusivo das mídias sociais enquadra-se na hipótese tratada, notadamente pela potencialidade lesiva e abrangente das compilações visuais e gramaticais do mundo virtual, hábil a atingir um número consideravelmente maior de pessoas, em comparação aos veículos de comunicação ordinários. Imaginemos, por hipótese, a contratação de profissionais de tecnologia da informação com o intuito deliberado de mascarar o comando normativo que veda os disparos em massa por meio de aplicativos de mensagens.

Todas essas regras, por certo, fortaleceram e incrementaram o sistema de controle e fiscalização das denominadas notícias falsas, mas, por si só, seriam insuficientes para garantir às eleições de 2020 o máximo possível de lisura e igualdade de condições entre os candidatos.

Visando maximizar o enfrentamento à desinformação, o TSE desenvolveu um plano estratégico de combate às *fake news* e celebrou parceria com 57 (cinquenta e sete) instituições distintas, dentre partidos políticos, entidades públicas e privadas, veículos de comunicação e grandes plataformas de mídias sociais, como Facebook, Twitter, WhatsApp, Google e TikTok.

Foram assinados memorandos de entendimento com as maiores plataformas digitais, as quais, pela primeira vez, se comprometeram a atuar, conjuntamente com os órgãos de controle do sistema jurídico eleitoral, agindo preventivamente para evitar a disseminação de informações falsas, por meio da identificação de práticas de proliferação de matérias e notícias desprovidas de fundamentos verossímeis, passíveis de atestar a sua lisura.

Na época da celebração do acordo, em 30 de setembro de 2020, o presidente do TSE, Ministro Luís Roberto Barroso, deixou patenteado que as plataformas devem fazer valer a suas regras de conteúdo para evitar o uso abusivo dos serviços, notadamente no período eleitoral.

Fazendo referência à revolução digital e ao espaço inexorável que as plataformas ocupam na vida das pessoas, lembrou que, infelizmente, esses meios são utilizados, muitas vezes, com propósitos de obter vantagem ilícita, difamar pessoas e desconstruir componentes essenciais à democracia, por exemplo, a circulação de informações verdadeiras.

À guisa de exemplo, o WhatsApp permitiu que o TSE enviasse mensagens para rebater informações falsas durante a campanha para eleitores previamente cadastrados e foi estabelecido um canal de comunicação específico com o TSE para denunciar contas suspeitas de realizar disparos em massa.

Foram recebidas várias denúncias durante a eleição de 2020, o que permitiu ao WhatsApp conduzir apurações internas que efetivamente verificaram que algumas contas indicadas realmente violaram as políticas de "compliance" do aplicativo, levando-as a serem banidas.

Por certo, todas essas inovações, permeadas por uma política de vanguarda do TSE e por mudanças legislativas, permitiram na eleição municipal de 2020 um controle muito mais rigoroso e pragmático das notícias falsas.

Todavia, ainda é preciso arrefecer o mal-estar generalizado que agoniza a quadra político-social brasileira. Talvez o primeiro passo seja reformular o agônico e esquizofrênico sistema eleitoral brasileiro. Quem sabe não seja a hora de retomarmos a proposta do voto distrital misto, que, inexoravelmente, tem a capacidade de aproximar o eleitor dos seus representantes. É preciso criar uma relação de cumplicidade entre as propostas lançadas e as efetivamente executadas, o que tornaria o processo eleitoral mais transparente e mais imune às notícias falsas. A criação de um vínculo ideologicamente democrático e republicano entre o político e o eleitor passaria a ser a primeira arma para desmascarar grupos ou pessoas que disseminam inverdades.

Por todos esses aspectos, nunca foi tão desafiante administrar as eleições brasileiras, notadamente em 2020, por consequência dos efeitos deletérios da pandemia da Covid-19, que ceifou milhares de brasileiros e colocou em xeque a capacidade do sistema jurídico-eleitoral brasileiro de realizar o próprio pleito.

A despeito de todas as dificuldades enfrentadas, há uma espécie de consenso nacional que as eleições de 2020 superaram as expectativas e conseguiram alcançar seu desiderato, fruto de um trabalho exitoso e extremamente competente do TSE.

4 A especificidade da atuação das plataformas digitais frente à autonomia do Poder Judiciário

É preciso compreender que, embora sejam fundamentais as plataformas digitais, por exemplo, o Instagram, adotarem sistemas de controle de conteúdo, objetivando identificar mensagens falsas, discriminatórias, totalitárias, bem como atentatórias à democracia, esse controle – que deve ser antecedente ao processo eleitoral, regrado pelas normas de direito civil, tendo em vista o próprio contrato celebrado entre os usuários e a empresa – em época de eleição, inaugurado o processo eleitoral, deve sofrer temperanças.

Explico: eventual usuário que tenha sofrido as consequências da suspensão automática da sua página e que venha futuramente registrar sua candidatura, tem o direito de usar a plataforma para fazer campanha. Inaugurado o processo eleitoral, aquele cidadão que outrora estava impedido de usar sua respectiva página, por motivo extraeleitoral, detém o direito de manuseá-la ou providenciar a abertura de uma nova conta para defender seus ideais políticos, inclusive contratando o impulsionamento, hoje regrado pela legislação eleitoral.

Significa dizer que o direito à propaganda eleitoral não se resume à propaganda eleitoral gratuita na televisão, mas se estende a todo e qualquer mecanismo legalmente previsto de comunicação, para lançar suas ideias ou proposições.

A partir desse momento, a conduta daquele candidato, devidamente registrada, passa a ser observada ou fiscalizada pelos mecanismos de controle disponibilizados pelo sistema jurídico-eleitoral, bem como pelas próprias plataformas que, identificando eventual reincidência na postura do mesmo usuário, agora também candidato, poderá excluí-lo, novamente, dos seus sistemas digitais.

Essa importante digressão possui base teórica na própria Constituição da República, que oferta aos candidatos, indistintamente, direito de expressão e livre manifestação, não podendo haver condenação ou censura prévia anterior ao processo eleitoral.

Se assim não fosse, legitimaríamos um processo eleitoral cuja amplitude do controle das notícias eventualmente falsas passaria a cargo das plataformas digitais em detrimento do princípio da supremacia da jurisdição.[11] De igual modo, iniciaríamos o processo

---

[11] "As plataformas podem e devem remover o conteúdo que não seja pertinente com os seus termos e condições de uso. Entretanto, nos casos em que não há violação dos termos, a ponderação de direitos fundamentais deve ser realizada pelo Poder Judiciário e não pelo ente privado. A esse respeito, merece destaque o seguinte trecho do parecer da Procuradora-Geral da República, Raquel Elias Ferreira Dodge, emitido no âmbito do tema 987 de repercussão geral no STF – que trata da alegada inconstitucionalidade do artigo 19 do Marco Civil da Internet – que, além de reconhecer a constitucionalidade do artigo 19 do Marco Civil da Internet, depois de analisar o histórico da construção da norma, observa que: [...] Com efeito, admitir-se que os provedores de aplicações de internet pudessem ser civilmente responsabilizados por não atenderam a solicitação extrajudicial de exclusão de conteúdos considerados infringentes acabaria, na prática, por transferir àqueles entes privados o poder de decidir as colisões eventualmente surgidas entre os direitos fundamentais de usuários

eleitoral criando mecanismos de desigualdade entre os candidatos, outorgando a particulares o direito de escolha de quem estará apto ou não a difundir suas ideias pela *internet*.

Nesse sentido, a manifestação da Procuradoria Regional Eleitoral do Estado do Espírito Santo, nos autos do processo nº 0600300-81.2020.6.08.0000, PJe:

> [...]
> Nos tempos atuais, em que as redes sociais ganham cada vez mais protagonismo, não se pode duvidar que retirar a conta do Recorrente/candidato do ar no período eleitoral e manter dos demais sem nenhuma justificativa, gera uma vantagem eleitoral significativa, principalmente, em uma eleição em que as redes sociais assumiram grande relevância, ante as limitações advindas da pandemia. Em outras palavras, a retirada não justificada da conta do Recorrente haverá desequilíbrio no processo eleitoral a afrontar o Princípio da Isonomia, uma vez que este não poderá comunicar-se com seus eleitores pelos mesmos meios que seus competidores.
> [...]
> Se é verdade que a relação entre o requerente e o Facebook é uma relação contratual de natureza eminentemente privada, é fato também que deve haver parâmetros em períodos eleitorais para que um candidato seja retirado da rede social, sob pena de se possibilitar à rede social interferir no próprio processo democrático, retirando candidatos contrários à sua linha ideológica e preservando os favoráveis.
> [...]
> Cumpre observar que este posicionamento não caracteriza intromissão do Judiciário na esfera privada. Mas apenas que, em períodos eleitorais, considerado este da convenção partidária que referenda os candidatos até o dia das eleições, o Facebook deve justificar a retirada de perfis de candidatos, sob pena de se afetar o processo eleitoral.

---

da rede mundial de computadores, poder este que, se mal exercido, poderia ter evidente impacto na liberdade de expressão, abrindo-se espaço à prática de monitoramento e de censura das publicações efetuadas no espaço cibernético. Haveria, em outras palavras, a transferência de um poder de decisão que, no Estado de Direito brasileiro, é típico do Poder Judiciário, para as empresas gestoras de aplicações de internet, as quais, em última análise, receberiam as demandas de seus usuários e julgariam se o conteúdo contestado violaria direitos da personalidade, atentaria contra a honra de alguém ou descumpriria algum mandamento constitucional, concluindo, ao final, pela manutenção ou remoção desse conteúdo do ambiente virtual. Infere-se, pois, que a finalidade da regra insculpida no art. 19 da Lei nº 12.965/2014 é evitar distorções capazes de comprometer o pleno exercício da liberdade de expressão e a livre circulação de ideias e informações na rede mundial de computadores" (GIACCHETTA, André Zonaro. Atuação e responsabilidade dos provedores diante das *fake news* e da desinformação. In: RAIS, Diogo (Coord.). *Fake News: a conexão entre a desinformação e o Direito*. São Paulo: Thomson Reuters, 2020).

Fora desses períodos, por óbvio não há que se falar na competência da Justiça Eleitoral.

Ademais, acrescenta-se que o art. 57 da Lei nº 9.504/97 estabelece a livre manifestação de pensamento, vedado o anonimato durante a campanha eleitoral, por meio da rede mundial de computadores, assegurado o direito de resposta. De igual modo, o parágrafo 3º permite à Justiça Eleitoral determinar, por solicitação do ofendido, a retirada de publicações que contenham agressões ou ataques a candidatos em sítios da *internet*, inclusive redes sociais, sem prejuízo das sanções civis e criminais aplicáveis, de modo que eventual reincidência ou divulgação de notícia fraudulenta sempre estará sobre dos magistrados eleitorais.

5 Considerações finais

Sobreleva destacar que o debate a respeito dos efeitos da desinformação no processo eleitoral brasileiro possui contornos complexos. Semelhante a outros países, o Brasil vem encontrando inquestionável dificuldade para enfrentar o tema. Creio que o primeiro passo é reconhecer que a proliferação de notícias falsas no cenário político nacional possui traços particulares, diante da nossa realidade socioeconômica e mazelas sociais. As ações de manipulação de fatos verídicos transbordam fronteiras, mas, como um vírus que se expande, sofrem mutações de acordo com a região ou local em que se instala.

O risco de enfrentarmos a desinformação inadequadamente reside na possibilidade de manuseio de remédios extremamente fortes que, ao revés de solucionar o problema, colocará o Brasil em descompasso com as melhores práticas experimentadas nas nações democráticas. Nosso país não possui uma tradição forte e liberal em defesa das liberdades de expressão, portanto, todo cuidado é necessário com as propostas legislativas em curso que visam capitular criminalmente as *fake news*.

Recentemente, foi aprovado no Senado o Projeto de Lei nº 2.630/2020 que trata do combate a *fake news*. Referida proposta, resumidamente, pretende disciplinar o rastreamento de mensagens reencaminhadas em aplicativos de conversa, impor que os provedores de redes sociais tenham sede no Brasil e limitar o impulsionamento e propaganda nas redes sociais. Além disso, proíbe o funcionamento de contas inautênticas, criadas ou usadas com o propósito de simular a identidade de terceiros para enganar o público, bem como impedir a abertura de contas automatizadas (robôs), cujo conteúdo não fora comunicado ao provedor de aplicativo.

Todavia, soa nebuloso o texto do art. 10 do referido Projeto de Lei que obriga os aplicativos, como *whatsapp*, a restringirem os encaminhamentos de textos, objetivando rastrear o conteúdo enviado.

A proposta legislativa tem por desiderato obrigar que os serviços instantâneos de comunicação guardem os denominados "registros de encaminhamento". Muitos especialistas compreendem que a proposta parte de uma premissa equivocada e pouco eficaz. Segundo o advogado especialista em crimes cibernéticos, Mestre pela UNESP, José Antônio Milagre:

> O marco civil já prevê a guarda dos registros de acesso à aplicação (data, hora, IP e fuso-horário) e que já são suficientes para apuração da autoria de fake news nos comunicadores instantâneos ainda que em uma sequência de investigação mais demorada [...] Como se vê, a exigência do art. 10 parte de uma premissa equivocada, é pouco eficaz contra as fake news e técnicas de subversões possíveis e vai gerar alta onerosidade técnica para os serviços de aplicativo de mensagens, que serão obrigados a ter uma estrutura para gerar e armazenar inúmeros registros de encaminhamento, taggeando mensagens desde o surgimento delas, mesmo 'sem conhecer o conteúdo' encaminhando, em um 'rastreamento preventivo' perigoso.[12]

Como nos alerta o Ministro Carlos Ayres Britto, a proposta inserida no art. 10 inverte as coisas, ao instaurar uma espécie de investigação criminal sem instrução processual penal, mediante um regime de rastreamento sobre as pessoas naturais, em flagrante limitação aos direitos fundamentais à "intimidade" e à "vida privada":

> Por isso me limito a pinçar do projeto em causa todo o artigo 10.º, que me parece mais vistosamente destoante da Constituição. É que ele instaura

---

[12] MILAGRE, José Antônio. As nebulosidades e riscos do art. 10 do Projeto de Lei das *Fake News*. *JusBrasil*. Disponível em: https://josemilagre.jusbrasil.com.br/artigos/872436784/as-nebulosidades-e-riscos-do-art-10-do-projeto-de-lei-das-fake-news?ref=feed.

um regime de rastreamento sobre as pessoas naturais que termina por lhes recusar os direitos fundamentais à 'intimidade' e à 'vida privada' (inciso X do artigo 5.º). Vida privada num plano intersubjetivo ou social, vida privada num plano espacial ou geográfico. Além de submetê-las a um tipo de investigação que, por independer do caso concreto e da apuração das coisas em autos oficiais, ignora os pressupostos também diretamente constitucionais da investigação criminal e da instrução processual penal.

Deveras, penso que esse artigo 10.º inverte as coisas. Investigação criminal e instrução processual penal não se instauram senão documentalmente. Assim como não são abertas a partir do nada. Ambas pressupõem a ocorrência de algo sinalizador, em sua materialidade, de infração penal. Algo já abstratamente definido como ilícito penal e a ser apurado quanto à respectiva materialidade. Isso na perspectiva da identificação do respectivo autor. Um só autor, ou mais de um, contanto que essa coautoria seja passível de quantificação ou determinação numérica. Não em aberto, porque, senão, a essa indeterminação subjetiva passa a corresponder uma permanente situação de suspeita criminal sobre todo mundo e um Estado-polícia por definição. Como se a máxima de que 'o preço da liberdade é a eterna vigilância' (Thomas Jefferson) não fosse cunhada a favor dos particulares e contra ele mesmo, Estado. Não o contrário.[13]

A despeito de toda a polêmica, o combate aos abusos perpetrados na *internet* não podem ceifar as liberdades e garantias fundamentais. Não há dúvida que importantes avanços podem surgir da proposta legislativa em discussão, como a proibição de contas automatizadas sem identificação, incompatíveis com a capacidade humana de movimentação, além do desenvolvimento de políticas que disciplinem com mais clareza o número de contas controladas pelo mesmo usuário.

Contudo, o importante é que a novel lei efetivamente respeite o ambiente de neutralidade e democrático das redes sociais, a privacidade dos usuários e a liberdade de expressão, sobretudo porque o próprio legislador impôs princípios sensíveis a respeito do tema, quando da fixação do Marco Civil da Internet.

Trazendo a discussão acima para o ambiente político, hoje as regras que proíbem os disparos patrocinados em massa de

---

[13] BRITTO, Carlos Ayres. Projeto de lei sobre 'fake news'. *Estadão*. Disponível em: https://opiniao.estadao.com.br/noticias/espaco-aberto,projeto-de-lei-sobre-fake-news,70003402980.

mensagens por aplicativos, seja por eleitores ou candidatos, já são avanços importantes, mas que poderiam, associados a acordos de *compliance* entre todos os artífices políticos envolvidos, ganhar mais densidade e eficácia, pela sua natureza preventiva e pedagógica, o que fortaleceria a confiança da sociedade nas agremiações partidárias, tão combalidas nos últimos tempos.

O comprometimento da classe política mediante assunção de posturas concretas e pragmáticas é mais eficaz no combate à desinformação, durante o processo eleitoral, do que as propostas engenhosas e questionáveis, notadamente do art. 10 do Projeto de Lei do Senado nº 2.630/2020. A obrigatoriedade de programas de integridade assinados pelos partidos políticos e candidatos seria, por exemplo, uma evolução, que garantiria maior transparência e previsibilidade nos atos de gestão partidária e nos gastos (fluxos) dos recursos do fundo especial de financiamento de campanha, bem como teria a capacidade de modular a própria postura dos candidatos perante as plataformas digitais.

É perfeitamente possível que propostas semelhantes que vinculem o candidato às boas práticas de gestão dos gastos de campanha, associadas a compromissos públicos de não propagação de informações falsas, acelerem a tão desejada transição entre a velha e a nova política.

Não custa lembrar que a pandemia da Covid-19 revelou velhas práticas de políticos aproveitadores, que se valendo da situação de calamidade pública usaram as engrenagens contratuais mais permissivas para desviarem dinheiro público. Tais episódios somente reforçam a ânsia da sociedade brasileira de viver uma nova ordem, com vistas a substituir práticas vetustas.

Por tudo isso e mais um pouco, há uma demanda por integridade, reprimida por muitos anos. Há uma tensão entre o velho e o novo. Todavia, o único instrumento legítimo das democracias modernas para colocar em prática os desejos da sociedade é a própria política, notadamente a boa e honesta política praticada por pessoas comprometidas e sérias. Daí porque se revela importantíssimo o acesso a informações corretas e verídicas a respeito dos candidatos, sua vida pregressa e realizações, em que a imprensa livre e autônoma praticada por jornalistas com tirocínio profissional apresenta-se como um diferencial capaz de ajudar o eleitor a definir seu voto conscientemente.

Vivenciamos recentemente momentos tensos de fricção social e calamidade pública, donde políticos revelaram sua pior faceta e tantos outros, diferentemente, conseguiram administrar as finanças públicas com honestidade. Talvez esse seja o momento mais decisivo da democracia brasileira, pois mesmo em plena pandemia conseguimos realizar uma eleição de estrutura continental, evidenciando a força das nossas instituições democráticas e a capacidade de engajamento da população brasileira, que, a despeito de todas as dificuldades, compareceu às urnas para exercer livremente seu voto.

É necessário pontuar que foi o enfrentamento preventivo à desinformação que minimizou seu impacto no processo eleitoral recente. O Programa de Enfrentamento das Eleições, com foco no pleito eleitoral 2020, coordenado pelo TSE, como dito alhures, apostou fundamentalmente em estratégias não regulatórias e multissetoriais, por meio de múltiplas e amplas parcerias com as plataformas digitais, veículos de comunicação, que assumiram o compromisso de implementar ações concretas para mitigar o efeito deletério produzido pelas notícias fraudulentas.

O comprometimento dos provedores de aplicações de *internet* abriu espaço inovador para o monitoramente preventivo de publicações falsas no espaço cibernético, aliado a um processo de colaboração planejado previamente com o intuito de reduzir os tentáculos das *fake news*.

Diante de um fenômeno multidisciplinar, a responsabilidade pertence a todos, políticos, governantes, usuários e provedores. Embora a estrutura legislativa atual não abarque todas as hipóteses de enfrentamento à desinformação, é inegável que o atual modelo, notadamente a legislação eleitoral, o Marco Civil da Internet e a Lei Geral de Proteção de Dados (LGPD), disciplinam com satisfatórios critérios os direitos dos usuários e as hipóteses de responsabilização dos provedores em razão do conteúdo gerado e compartilhado.

Tão desafiador tema, recheado de indesejáveis consequências à liberdade de expressão, traz umbilicalmente a fricção entre valores intangíveis e relevantes à própria formação da democracia brasileira, ainda em processo constante de evolução e amadurecimento. Por isso, soluções drásticas que maculem o livre e amplo espaço de comunicação nas redes devem ser vistos *cum grano salis*, notadamente porque estamos diante de um fenômeno cultural hipertrofiado pela revolução tecnológica, cuja melhor e eficaz arma para evitar a subversão ilegítima do processo eleitoral não está necessariamente na maior ou menor capacidade de intervenção do Poder Judiciário, mas também e, sobretudo, na sapiência das instituições públicas e privadas de difundirem conhecimento, cultura e educação.

Somente assim seremos capazes de unir a sociedade brasileira e exigir mudanças estruturais que elevem o grau de confiança na classe política, independente dos momentos históricos e episódicos de divisão político-social.

Referências

ABBOUD, Georges; NERY JR., Nelson; CAMPOS, Ricardo (Org.). *Fake News e Regulação*. 2. ed. (livro eletrônico). São Paulo: Thomson Reuters/Revista dos Tribunais, 2020.

ARENDT, Hannah. *Origens do totalitarismo*. Tradução: Roberto Raposo. São Paulo: Companhia das Letras, 1990.

BRITTO, Carlos Ayres. Projeto de lei sobre *fake news*. *Estadão*. Disponível em: https://opiniao.estadao.com.br/noticias/espaco-aberto,projeto-de-lei-sobre-fake-news,70003402980.

GIACCHETTA, André Zonaro. Atuação e responsabilidade dos provedores diante das fake news e da desinformação. *In*: RAIS, Diogo (Coord.). *Fake News: a conexão entre a desinformação e o Direito*. São Paulo: Thomson Reuters, 2020.

MARANHÃO, Juliano; CAMPOS, Ricardo. Fake News e autorregulação regulada das redes sociais no Brasil: fundamentos constitucionais. *In*: ABBOUD, Georges; NERY JR., Nelson; CAMPOS, Ricardo (Org.). *Fake News e Regulação*. 2. ed. (livro eletrônico). São Paulo: Thomson Reuters/Revista dos Tribunais, 2020.

MILAGRE, José Antônio. As nebulosidades e riscos do art. 10 do Projeto de Lei das Fake News. *In*: *JusBrasil* Disponível em: https://josemilagre.jusbrasil.com.br/artigos/872436784/as-nebulosidades-e-riscos-do-art-10-do-projeto-de-lei-das-fake-news?ref=feed.

RAIS, Diogo. Fronteiras do Direito. A melhor tradução para *Fake News* não é notícia falsa, é notícia fraudulenta [entrevista concedida a Pedro Canário]. *Consultor Jurídico*. Disponível em: https://www.conjur.com.br/2018-ago-12/entrevista-diogo-rais-professor-direito-eleitoral.

RAIS, Diogo; SALES, Stela Rocha. Fake News, Deepfakes e Eleições. *In*: RAIS, Diogo (Coord.). *Fake News: a conexão entre a desinformação e o Direito*. São Paulo: Thomson Reuters, 2020.

STRECK, Lenio Luiz; OLIVEIRA, Marcelo Andrade Cattoni de; BACHA E SILVA, Diogo. Inquérito judicial do STF: o MP como parte ou "juiz das garantias"? *Consultor Jurídico*. Disponível em: https://www.conjur.com.br/2020-mai-28/opiniao-inquerito-stf-mp-parte-ou-juiz-garantias.

TOFFOLI, José Antônio Dias. *Fake News*, desinformação e liberdade de expressão. *In*: ABBOUD, Georges; NERY JR., Nelson; CAMPOS, Ricardo (Org.). *Fake News e Regulação*. 2. ed. (livro eletrônico). São Paulo: Thomson Reuters/Revista dos Tribunais, 2020.

Informação bibliográfica deste texto, conforme a NBR 6023:2018 da Associação Brasileira de Normas Técnicas (ABNT):

JÚDICE, Rodrigo Marques de Abreu. As "Fake News" e o impacto no processo eleitoral. *In*: BUFULIN, Augusto Passamani (Coord.). *Questões atuais de Direito Público*. Belo Horizonte: Fórum, 2022. p. 169-189. ISBN 978-65-5518-302-3.

SOBRE OS AUTORES

Augusto Passamani Bufulin
Professor Adjunto do Departamento de Direito da Universidade Federal do Espírito Santo (UFES), no curso de Graduação e no Programa de Pós-Graduação em Direito Processual (Mestrado). Doutor e Mestre em Direito Civil pela PUC-SP. Coordenador do Grupo de Pesquisa Desafios do Processo (UFES). Coordenador da Escola Superior da Magistratura do Espírito Santo (ESMAGES). Juiz de Direito do TJES. *E-mail*: contatoapb@protonmail.com

Daniel Souto Cheida
Aluno Especial do Mestrado em Direito Processual na Universidade Federal do Espírito Santo (UFES). Graduado em Ciências Jurídicas e Sociais pela Universidade Federal do Rio de Janeiro. Advogado. *E-mail*: dcheida@cscadv.com

Diego Crevelin de Sousa
Mestre em Direito Processual pela Universidade Federal do Espírito Santo (UFES). Membro Conselheiro Permanente da Associação Brasileira de Direito Processual (ABDPro). Parecerista *ad hoc* da *Revista Brasileira de Direito Processual – RBDPro*. Professor do curso de Direito das Faculdades Integradas de Aracruz (FAACZ). *E-mail*: dcrevelin@yahoo.com.br

Fernanda Montalvão da Vitória
Mestranda em Direito Processual pela Universidade Federal do Espírito Santo (UFES). Membro pesquisador do Grupo de Pesquisa Desafios do Processo (www.desafiosdoprocesso.ufes.br). Pós-Graduada em Direito de Família e Sucessões (2019). Graduada em Direito pela Universidade Federal do Espírito Santo (2017). Atualmente é Chefe de Gabinete de Desembargador no Tribunal de Justiça do Estado do Espírito Santo. *E-mail*: fernanda_montalvaov@hotmail.com

Fernando da Fonseca Resende Ribeiro
Mestre em Segurança Pública pela Universidade Vila Velha (UVV-ES). Pós-Graduado em Ciências Penais pela Universidade do Sul de Santa Catarina (Unisul). Bacharel em Direito pela Universidade Vila Velha (UVV-ES). Advogado. DPO (LGPD) da Universidade Vila Velha (UVV-ES). *E-mail*: fernando.ribeiro@uvv.br

Frederico Ivens Miná Arruda de Carvalho
Mestrando em Direito Processual pela Universidade Federal do Espírito Santo (UFES). Especialista em Direito do Estado pela Faculdade Baiana de Direito/Curso Juspodivm. Juiz de Direito do Tribunal de Justiça do Estado do Espírito Santo. Juiz Eleitoral da 44ª Zona do TRE-ES no biênio 2016-2018. Membro suplente da 4ª Turma Recursal dos Juizados Especiais do Tribunal de Justiça do Estado do Espírito Santo. *E-mail*: frederico.ivens@gmail.com

Luciano Rabelo Bragatto
Graduando em Direito pela Faculdade de Direito de Vitória (FDV). Atualmente estagia no Escritório Cheim Jorge Abelha Rodrigues Advogados Associados. *E-mail*: lrbragatto1@gmail.com

Manoel Alves Rabelo
Doutor e Mestre em Direito Administrativo pela Universidade Federal de Minas Gerais (UFMG). Bacharel em Direito pela Universidade Federal do Espírito Santo (UFES). Professor Associado do Departamento de Direito. Professor do Programa de Pós-Graduação em Direito – Mestrado em Direito Processual da Universidade Federal do Espírito Santo (UFES). Desembargador do Tribunal de Justiça do Estado do Espírito Santo, tendo sido Corregedor-Geral de Justiça no biênio 2006-2007. Foi Presidente do Tribunal Regional Eleitoral do Espírito Santo no biênio 2008-2009 e Presidente do Tribunal de Justiça do Estado do Espírito Santo no biênio 2010-2011. *E-mail*: msrrabelo@hotmail.com

Marcos Alberto Balestreiro Filho
Especialista em Direito Tributário pela FGV Direito Rio. Mestrando em Direito Processual pela Universidade Federal do Espírito Santo (UFES). Advogado. Membro da Comissão Especial de Concessões e Parcerias Público-Privadas da OAB/ES. *E-mail*: mabalestreiro@gmail.com

Roberto Moraes Dias
Especialista em Direito Empresarial pela FGV Direito SP e em Comércio Exterior pela Universidade Federal do Espírito Santo (UFES). Mestrando em Direito Público pela FGV Direito SP. Advogado. Vice-Presidente da Comissão Especial de Concessões e Parcerias Público-Privadas da OAB/ES. *E-mail*: robertomoraesdias@gmail.com

Rodrigo Marques de Abreu Júdice
Advogado sócio do Escritório Abreu Júdice Advogados, com atuação na área do Direito Público (Constitucional, Ambiental, Administrativo, Aduaneiro e Tributário) e Direito Privado (Empresarial e Comercial). Procurador do Estado do Espírito Santo. Conselheiro da Ordem dos Advogados do Brasil, Seção do Espírito Santo, para os biênios 2001-2003, 2004-2006 e 2007-2009. Presidente da Comissão de Estudos Constitucionais, 2007 a 2009. Diretor Presidente da Escola Superior de Advocacia da Ordem dos Advogados do Brasil, Seção Espírito Santo, 2010. Diretor Presidente da Escola Superior da Procuradoria-Geral do Espírito Santo, 1998 a 2009. Juiz do TRE-ES, Classe dos Juristas, biênio 2009-2010. Procurador-Geral do Estado, 2011-2014. Secretário de Estado de Meio Ambiente, 2015-2016. Juiz do TRE-ES, Classe dos Juristas, biênio 2019-2021. *E-mail*: rodrigo.judice@abreujudice.com.br

Tatiana Freitas de Almeida Ivens de Carvalho
Especialista em Direito pela Faculdade de Direito de Vitória (FDV). Advogada Colaborativa com formação pelo Instituto Brasileiro de Práticas Colaborativas (IBPC). Mediadora de Conflitos com formação pelo Centro Brasileiro de Mediação e Arbitragem (CBMA). Consultora Jurídica. Presidente da Comissão de Práticas Colaborativas da OAB/ES. Membro da Comissão de Mediação e Arbitragem da OAB/ES. Membro do IBPC – Instituto Brasileiro de Práticas Colaborativas. *E-mail*: adv.tatianaivens@gmail.com

Tiago Aguiar Vilarinho
Mestrando em Direito Processual pela Universidade Federal do Espírito Santo (UFES). Especialista em Direito Processual Civil pela Faculdade de Direito Damásio de Jesus. Analista Judiciário do Tribunal de Justiça do Estado do Espírito Santo. *E-mail*: tvilarinho@gmail.com

Esta obra foi composta em fonte Palatino Linotype, corpo 10,5
e impressa em papel Pólen Bold 70g (miolo) e Supremo 250g (capa)
pela Gráfica Paulinelli, em Belo Horizonte/MG.